MARCHA CRIANÇA

3

MATEMÁTICA

Maria Teresa Marsico

Professora graduada em Letras pela Universidade Federal do Rio de Janeiro (UFRJ) e em Pedagogia pela Sociedade Unificada de Ensino Superior Augusto Motta. Atuou por mais de trinta anos como professora de Educação Infantil e Ensino Fundamental das redes municipal e particular no município do Rio de Janeiro.

Armando Coelho de Carvalho Neto

Atua desde 1981 com alunos e professores das redes oficial e particular de ensino do Rio de Janeiro. Desenvolve pesquisas e estudos sobre metodologias e teorias modernas de aprendizado. É autor de obras didáticas para Ensino Fundamental e Educação Infantil desde 1993.

editora scipione

editora scipione

Diretoria de conteúdo e inovação pedagógica
Mário Ghio Júnior
Diretoria editorial
Lidiane Vivaldini Olo
Gerência editorial
Luiz Tonolli
Editoria de Anos Iniciais
Tatiany Telles Renó
Edição
Tatiany Telles Renó e
Nathalia de Oliveira Matsumoto
Arte
Ricardo de Gan Braga (superv.),
Andréa Dellamagna (coord. de criação),
Gláucia Correa Koller (progr. visual de capa e miolo),
Elen Coppini Camioto (editora de arte) e
Christine Getschko (assist. de arte)
Revisão
Hélia de Jesus Gonsaga (ger.),
Rosângela Muricy (coord.), Ana Curci,
Gabriela Macedo de Andrade, Vanessa de Paula Santos
e Brenda Morais (estag.)
Iconografia
Sílvio Kligin (superv.), Tamires Reis Castillo (pesquisa),
César Wolf e Fernanda Crevin (tratamento de imagem)
Ilustrações
ArtefatoZ (capa), Juan Carlos Federico (aberturas),
Ilustra Cartoon, Roberto Higa,
Alexandre Matos e Walmir Santos

2022
ISBN 978 85 262 9614 5 (AL)
ISBN 978 85 262 9613 8 (PR)
Cód. da obra CL 738972
CAE 541 703 (AL) / 541 683 (PR)
5ª edição
10ª impressão
Impressão e acabamento
Forma Certa Gráfica Digital

Dados Internacionais de Catalogação na Publicação (CIP)
(Câmara Brasileira do Livro, SP, Brasil)

Marsico, Maria Teresa
Marcha criança : educação infantil : matemática / Maria Teresa Marsico, Armando Coelho de Carvalho Neto. – – 5. ed. – – São Paulo : Scipione, 2015. – – (Coleção marcha criança)

Obra em 3 v.

1. Matemática (Educação infantil) I. Carvalho Neto, Armando Coelho de. II. Título. III. Série.

15-02790 CDD-372.21

Índice para catálogo sistemático:
1. Matemática : Educação infantil 372.21

PREPARAMOS ESTE LIVRO COM MUITO CARINHO ESPECIALMENTE PARA VOCÊ. ELE ESTÁ REPLETO DE SITUAÇÕES E ATIVIDADES MOTIVADORAS, QUE CERTAMENTE DESPERTARÃO SEU INTERESSE E LHE PROPORCIONARÃO MUITAS DESCOBERTAS. ESPERAMOS QUE COM ELE VOCÊ ENCONTRE SATISFAÇÃO NO CONSTANTE DESAFIO DE APRENDER!

OS AUTORES

Os textos sem referência são de autoria de Maria Teresa Marsico e Armando Coelho.

CONHEÇA SEU LIVRO

COM A COLEÇÃO **MARCHA CRIANÇA** VOCÊ APRENDE BRINCANDO!

RODA DE CONVERSA

EM CADA INÍCIO DE UNIDADE, VOCÊ SERÁ CONVIDADO A TROCAR EXPERIÊNCIAS, CONVERSANDO COM SEUS COLEGAS SOBRE ASSUNTOS VARIADOS.

FAZENDO ARTE

ESTA SEÇÃO TRAZ PROPOSTAS DE ATIVIDADES ARTÍSTICAS, ÓTIMAS PARA DESENVOLVER A CRIATIVIDADE.

HORA DE BRINCAR

NESTA SEÇÃO, VOCÊ VAI SE DIVERTIR COM JOGOS, BRINCADEIRAS E PASSATEMPOS MUITO INTERESSANTES!

O TEMA É...

ESTA SEÇÃO VAI FAZER VOCÊ REFLETIR E COMPREENDER MELHOR O MUNDO EM QUE VIVEMOS.

SUGESTÕES PARA O ALUNO

NESTAS PÁGINAS, INDICAÇÕES DE LIVROS, CDs E DVDs PARA COMPLEMENTAR OS TEMAS ESTUDADOS.

MATERIAL DE APOIO E ADESIVOS

NO FINAL DO LIVRO, VOCÊ ENCONTRARÁ MATERIAIS PARA REALIZAR ALGUMAS ATIVIDADES DE MANEIRA DIVERTIDA.

ALMANAQUE DOS NÚMEROS

ESTE É UM MATERIAL À PARTE CHEIO DE ATIVIDADES EXTRAS PARA VOCÊ CONTINUAR APRENDENDO E SE DIVERTINDO.

ÍCONES

AO LONGO DO LIVRO VOCÊ VAI ENCONTRAR OS ÍCONES A SEGUIR, QUE DÃO DICAS SOBRE AS ATIVIDADES.

ADESIVO — COLAGEM — CONFECÇÃO — DESENHO — EXPRESSÃO CORPORAL

EXPRESSÃO ORAL — LEITURA — PERCEPÇÃO VISUAL — PINTURA — TRAÇADO

SUMÁRIO

Ilustrações: Juan Carlos Federico/Arquivo da editora

UNIDADE 1

COMO É O SEU DIA?

Juan Carlos Federico/Arquivo da editora

RODA DE CONVERSA

CAROL E MIGUEL LEVANTAM CEDO PARA IR À ESCOLA. DURANTE O DIA, MUITAS COISAS INTERESSANTES ACONTECEM COM ELES.

Ilustra Cartoon/Arquivo da editora

E O SEU DIA, COMO É?

DATA: _____ /_____ /_____

NOÇÕES DE GRANDEZA

A PROFESSORA DE CAROL E MIGUEL VAI CONTAR HISTÓRIAS.
VOCÊ CONHECE A HISTÓRIA DA CINDERELA? GRAÇAS À AJUDA DE UMA FADA, CINDERELA REALIZOU O DESEJO DE IR AO BAILE. ACOMPANHE A LEITURA DE UM TRECHO DA HISTÓRIA.

QUANDO CINDERELA ENTROU NO SALÃO, TODOS OS OLHARES SE VOLTARAM PARA ELA. A JOVEM ESTAVA DESLUMBRANTE!
O PRINCÍPE TIROU-A PARA DANÇAR E SÓ TEVE OLHOS PARA ELA DURANTE TODO O BAILE. AS FILHAS DA MADRASTA NÃO A RECONHECERAM, MAS FICARAM COM MUITA INVEJA DAQUELA LINDA JOVEM QUE ENCANTOU O PRÍNCIPE.

CINDERELA, DOS IRMÃOS GRIMM . ADAPTADO POR SÂMIA RIOS. SÃO PAULO: SCIPIONE, 2009.

Ilustra Cartoon/Arquivo da editora

ENCONTRE E PINTE OS LAÇOS QUE CINDERELA ESTAVA USANDO DURANTE O BAILE, CONFORME A LEGENDA.

LAÇO GRANDE. **LAÇO PEQUENO.** **LAÇOS DE MESMO TAMANHO.**

DATA: ____ /____ /____

PARA IR AO BAILE, A CARRUAGEM DE CINDERELA SEGUIU PELO CAMINHO **MAIS COMPRIDO**.
PINTE O CAMINHO FEITO PELA CARRUAGEM.

Ilustra Cartoon/Arquivo da editora

DATA: _____ /_____ /_____

PARA VOLTAR PARA CASA ANTES DA MEIA-NOITE, CINDERELA TEVE DE ENCONTRAR O CAMINHO **MAIS CURTO**. PINTE O CAMINHO FEITO POR ELA.

Ilustra Cartoon/Arquivo da editora

DATA: _____ /_____ /_____

DEPOIS DO BAILE, O QUE O PRÍNCIPE FEZ PARA ENCONTRAR CINDERELA? LEIA O TEXTO PARA DESCOBRIR:

O RAPAZ FICOU MUITO TRISTE. NÃO SABIA ONDE PODERIA ENCONTRAR A LINDA MOÇA DO BAILE. PORÉM, ENCONTROU O SAPATINHO PERDIDO NA ESCADARIA E ORDENOU A SEUS CRIADOS QUE O EXPERIMENTASSEM EM TODAS AS MOÇAS DO REINO.

CINDERELA, DOS IRMÃOS GRIMM. ADAPTADO POR SÂMIA RIOS. SÃO PAULO: SCIPIONE, 2009.

Ilustra Cartoon/Arquivo da editora

CIRCULE A MOÇA QUE TEM O PÉ **MENOR** QUE O SAPATINHO DE CRISTAL.

DATA: _____ /_____ /_____

E A HISTÓRIA A SEGUIR, VOCÊ CONHECE?

AO CHEGAR AO CÉU, DEPOIS DAS NUVENS, JOÃO ENCONTROU UM CAMINHO QUE LEVAVA A UM LINDO E IMENSO CASTELO. NA PORTA ESTAVA A MULHER MAIS ALTA QUE JOÃO TINHA VISTO NA VIDA.

JOÃO E O PÉ DE FEIJÃO, DOS IRMÃOS GRIMM. ADAPTADO POR SÂMIA RIOS. SÃO PAULO: SCIPIONE, 2009.

ASSINALE A CENA QUE CORRESPONDE AO TRECHO DA HISTÓRIA AQUI APRESENTADO.

( )

( )

Ilustrações: Ilustra Cartoon/Arquivo da editora

NA HISTÓRIA, JOÃO PLANTA SEMENTES MÁGICAS E NASCE UM PÉ DE FEIJÃO MUITO DIFERENTE DOS OUTROS.

Ilustrações: Ilustra Cartoon/Arquivo da editora

PINTE COM LÁPIS DE COR O PÉ DE FEIJÃO QUE TEM O CAULE **MAIS FINO**.
COLE BARBANTE NO PÉ DE FEIJÃO QUE TEM O CAULE **MAIS GROSSO**.

DATA: _____ /_____ /_____

NOÇÕES DE POSIÇÃO

AS HISTÓRIAS INFANTIS PODEM SER CONTADAS NOS LIVROS, NO TEATRO E NO CINEMA. A TURMA DE CAROL E MIGUEL FOI ASSISTIR A UMA PEÇA DE TEATRO.

Ilustra Cartoon/Arquivo da editora

FAÇA UM **X** NA CRIANÇA QUE ESTÁ **NA FRENTE** DE ARI.

FAÇA UM ◯ NA CRIANÇA QUE ESTÁ **ATRÁS** DE GABI E NA FRENTE DE JOEL.

PINTE A CRIANÇA QUE ESTÁ **ENTRE** CARLA E GABI.

DATA: _____ /_____ /_____

DEPOIS DE ASSISTIREM À PEÇA TODOS FORAM COMPRAR PIPOCA. CIRCULE COM LÁPIS COLORIDO QUEM VAI COMPRAR A PIPOCA **PRIMEIRO**. PINTE O **ÚLTIMO** DA FILA.

Ilustra Cartoon/Arquivo da editora

DATA: _____ /_____ /_____

DEPOIS QUE VOLTARAM DO TEATRO, AS CRIANÇAS ARRUMARAM A SALA DE AULA.
PINTE OS BRINQUEDOS QUE ESTÃO **EM CIMA** DA PRATELEIRA. CIRCULE OS BRINQUEDOS QUE ESTÃO **EMBAIXO** DA MESA.

Ilustra Cartoon/Arquivo da editora

DATA: _____ /_____ /_____

DEPOIS QUE AS CRIANÇAS ARRUMARAM A SALA, TODAS FORAM PARA O PARQUINHO!

FAÇA UM ◯ EM TORNO DA CRIANÇA QUE ESTÁ **MAIS PERTO** DO GIRA-GIRA.

FAÇA UM ☐ EM TORNO DA CRIANÇA QUE ESTÁ **MAIS LONGE** DO GIRA-GIRA.

Ilustra Cartoon/Arquivo da editora

DATA: _____ /_____ /_____

DEPOIS DE BRINCAR, LÚCIA FOI LAVAR AS MÃOS. CIRCULE A **MÃO DIREITA**, QUE ESTÁ SEGURANDO O SABONETE. FAÇA UM **X** NA **MÃO ESQUERDA**, QUE ESTÁ ABRINDO A TORNEIRA.

Ilustra Cartoon/Arquivo da editora

DATA: _____ /_____ /_____

TOMAR UM BOM BANHO FAZ BEM PARA A SAÚDE.
FAÇA UM **X** NA CRIANÇA QUE SUJOU A **PERNA DIREITA**.
FAÇA UM CÍRCULO NA CRIANÇA QUE SUJOU A **PERNA ESQUERDA**.

Ilustrações: Ilustra Cartoon/Arquivo da editora

AGORA RESPONDA: POR QUE É PRECISO TOMAR BANHO TODOS OS DIAS?

DATA: _____ /_____ /_____

OBSERVE MIGUEL EM SUA CASA.

Roberto Higa/Arquivo da editora

AGORA, DESENHE NOS QUADROS ABAIXO O BRINQUEDO QUE:

- ESTÁ MAIS PERTO DA MÃO ESQUERDA DE MIGUEL.

- ESTÁ MAIS PERTO DA MÃO DIREITA DE MIGUEL.

DATA: _____ /_____ /_____

NOÇÕES DE DIREÇÃO E SENTIDO

ARI E MARTA ADORAM IR AO PARQUE BRINCAR NO BALANÇO.
CIRCULE A CRIANÇA QUE ESTÁ BALANÇANDO **PARA A FRENTE**. FAÇA UM **X** NA CRIANÇA QUE ESTÁ BALANÇANDO **PARA TRÁS**.

Ilustra Cartoon/Arquivo da editora

DATA: _____ /_____ /_____

JOEL E MÁRCIA ESTÃO BRINCANDO COM BOLA. CONTORNE A CRIANÇA QUE JOGA A BOLA **PARA CIMA**. FAÇA UM **X** NA CRIANÇA QUE ESTÁ JOGANDO A BOLA **PARA BAIXO**.

Ilustra Cartoon/Arquivo da editora

DATA: _____ /_____ /_____

FAZENDO ARTE

VEJA QUE BONITA OBRA DE ARTE!

Reprodução/Coleção particular

NATUREZA MORTA COM GATO,
DE DI CAVALCANTI, 1967.

QUAIS DAS FIGURAS ABAIXO NÃO FAZEM PARTE DELA? CIRCULE-AS.

Ilustrações: Roberto Higa/Arquivo da editora

DATA: _____ /_____ /_____

AGORA VOCÊ VAI CRIAR UMA OBRA DE ARTE PARECIDA COM A DE DI CAVALCANTI. DESENHE E PINTE NO QUADRO ABAIXO UMA OBRA QUE CONTENHA FRUTAS E UM ANIMAL À SUA ESCOLHA.

DATA: _____ /_____ /_____

CLASSIFICAÇÃO

OLHE QUE VARIEDADE DE FRUTAS!
FORME GRUPOS, CONTORNANDO AS FRUTAS **IGUAIS**.

Ilustrações: Roberto Higa/Arquivo da editora

VOCÊ CONHECE TODAS ESSAS FRUTAS? QUAIS SÃO OS NOMES DELAS?

DATA: _____ /_____ /_____

FAÇA UM **X** NO INTRUSO DE CADA GRUPO. PINTE O RESTANTE.

Ilustrações: Roberto Higa/Arquivo da editora

DESTAQUE OS ADESIVOS DO FINAL DO LIVRO E COLE-OS NOS QUADROS CORRESPONDENTES.

GRUPO DE SERES VIVOS	GRUPO DE ELEMENTOS SEM VIDA

DATA: ____ /____ /____

CAROL COLECIONA LIVROS E BONECAS. DESTAQUE OS ADESIVOS DO FINAL DO LIVRO E COLE-OS NOS QUADROS CORRESPONDENTES.

LIVROS

BONECAS

MIGUEL COLECIONA CARRINHOS E REVISTAS. DESTAQUE OS ADESIVOS DO FINAL DO LIVRO E COLE-OS NOS QUADROS CORRESPONDENTES.

CARRINHOS

REVISTAS

DATA: _____ /_____ /_____

NOÇÕES DE GEOMETRIA

PINTE AS FIGURAS DE MESMA FORMA USANDO A MESMA COR. ESCOLHA AS CORES QUE VOCÊ DESEJAR.

DATA: _____ /_____ /_____

ESTAS CASAS FORAM CONSTRUÍDAS COM PALITOS. VEJA COMO SÃO BONITAS!
PINTE DA MESMA COR AS PARTES QUE TÊM A MESMA FORMA.

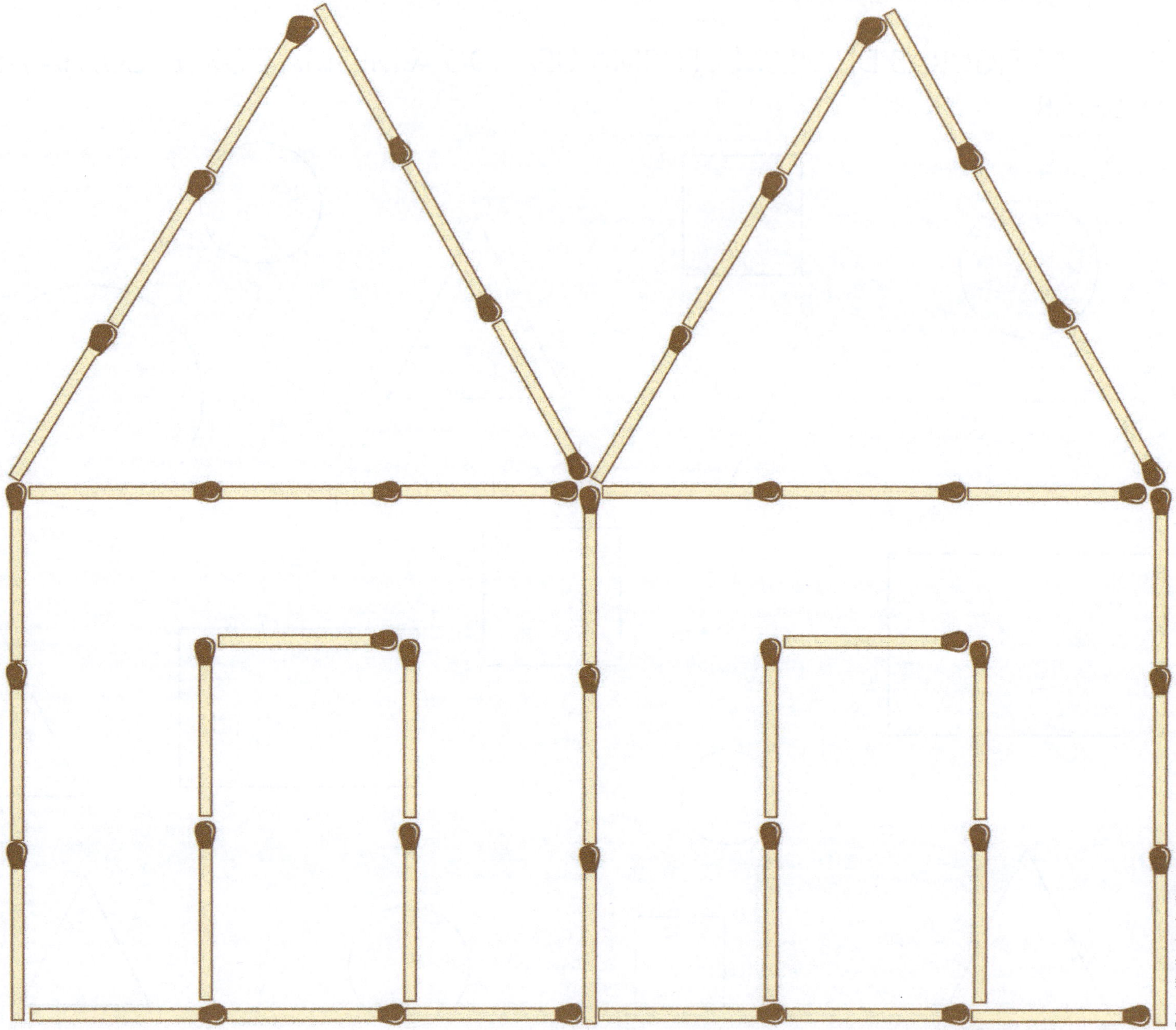

Roberto Higa/Arquivo da editora

DATA: _____ /_____ /_____

O TANGRAM É UM DIVERTIDO QUEBRA-CABEÇA. DESTAQUE AS PEÇAS DA PÁGINA 3 DO **MATERIAL DE APOIO** E MONTE FIGURAS COM ELAS. DEPOIS ESCOLHA UMA DAS FIGURAS MONTADAS E COLE-A NO ESPAÇO ABAIXO.

DATA: _____ /_____ /_____

OS ALUNOS CONSTRUÍRAM UM CASTELO UTILIZANDO OS SÓLIDOS ABAIXO. USE A **MESMA COR** PARA PINTAR OS SÓLIDOS DE **MESMA FORMA**.

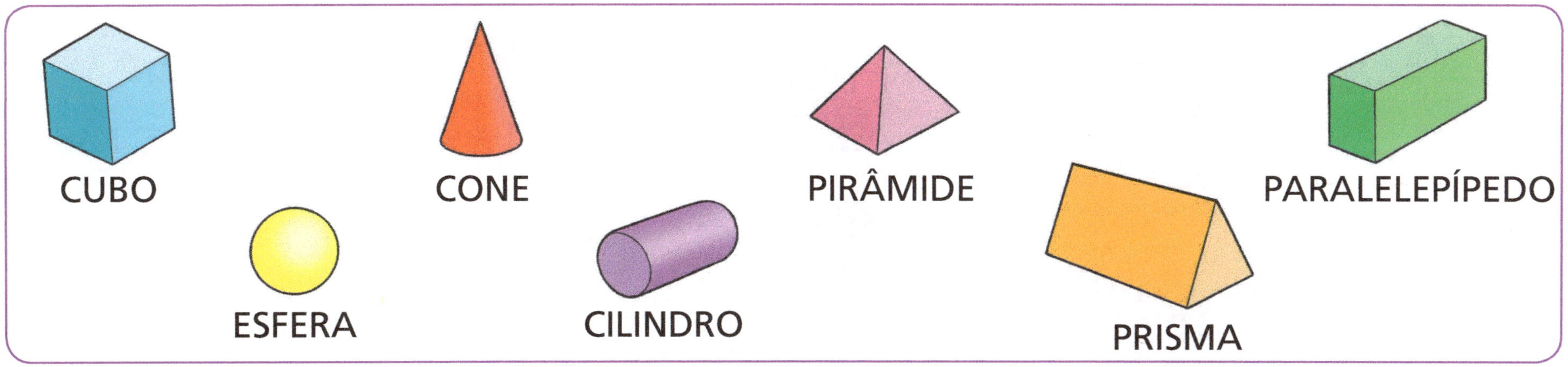

DATA: _____ /_____ /_____

DEPOIS DA ATIVIDADE, OS ALUNOS FORAM BRINCAR NO PÁTIO COM OS SÓLIDOS, FAZENDO MARCAS NA AREIA. LIGUE CADA SÓLIDO À MARCA CORRESPONDENTE.

Ilustra Cartoon/Arquivo da editora

DATA: _____ /_____ /_____

LIGUE CADA OBJETO AO SÓLIDO GEOMÉTRICO CORRESPONDENTE.

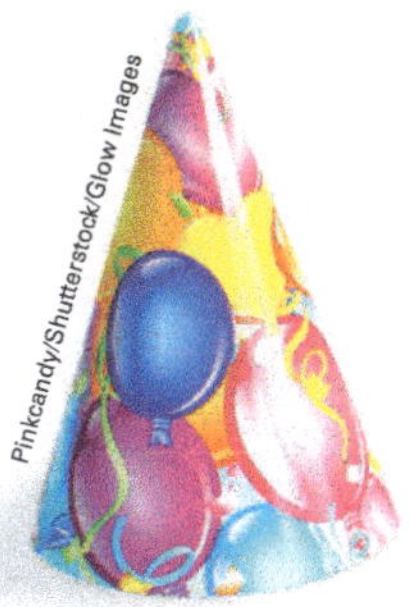

Pinkcandy/Shutterstock/Glow Images

Veronica Louro/Shutterstock/Glow Images

Worytko Pawel/Shutterstock/Glow Images

Artiomp/Shutterstock/Glow Images

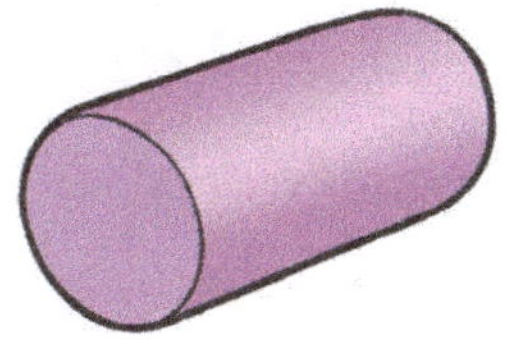

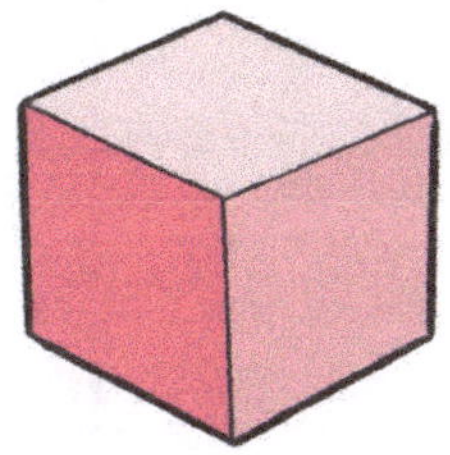

Ilustrações: Roberto Higa/Arquivo da editora

DATA: _____ /_____ /_____

HORA DE BRINCAR

BRINQUEDO RECICLADO

SABIA QUE É POSSÍVEL FAZER BRINQUEDOS COM MATERIAIS QUE SERIAM JOGADOS NO LIXO? LEIA AS INSTRUÇÕES E FAÇA UM BRINQUEDO COM ROLOS DE PAPEL HIGIÊNICO.

VOCÊ VAI PRECISAR DE:

- ALGUNS ROLOS DE PAPEL HIGIÊNICO;
- TACHINHAS DO TIPO BAILARINA;
- TESOURA SEM PONTAS;
- MATERIAL PARA COLORIR.

MODO DE FAZER:

CORTE EM "V" AS EXTREMIDADES DE CADA ROLO DE PAPELÃO. COM A AJUDA DE UM ADULTO, FAÇA UM FURO EM CADA UMA DAS QUATRO PONTAS DOS ROLOS QUE VOCÊ CORTOU. UNA OS ROLOS PELAS EXTREMIDADES COLOCANDO UMA TACHINHA EM CADA FURO. NÃO PRENDA A TACHINHA MUITO RENTE AO PAPELÃO PARA NÃO LIMITAR O MOVIMENTO DA COBRA.

REVISTA **CIÊNCIA HOJE DAS CRIANÇAS**. RIO DE JANEIRO: SBPC, ANO 23, N. 211, ABR. 2010.

Fotos: Paulo Manzi/Arquivo da editora

AGORA QUE A COBRINHA ESTÁ PRONTA, DECORE-A COMO QUISER!

DATA: _____ /_____ /_____

UNIDADE 2

CHEGARAM AS FÉRIAS

Juan Carlos Federico/Arquivo da editora

RODA DE CONVERSA

CAROL E MIGUEL FORAM PASSAR AS FÉRIAS NO SÍTIO DOS AVÓS.
ELES LEVARAM ALGUNS AMIGOS PARA BRINCAR.

Ilustra Cartoon/Arquivo da editora

O QUE VOCÊ FAZ NAS FÉRIAS ESCOLARES?

CONJUNTO E CORRESPONDÊNCIA

LÁ NO SÍTIO, CAROL E MIGUEL VIRAM MUITOS ANIMAIS.
CONTORNE O CONJUNTO DE AVES.

Ilustrações: Ilustra Cartoon/Arquivo da editora

DEPOIS DO PASSEIO, FORAM ALMOÇAR. CIRCULE O CONJUNTO DE ALIMENTOS.

DATA: _____ /_____ /_____

DEPOIS DO ALMOÇO, MIGUEL FOI ATÉ O GALINHEIRO.
LIGUE CADA OVO A UMA GALINHA.

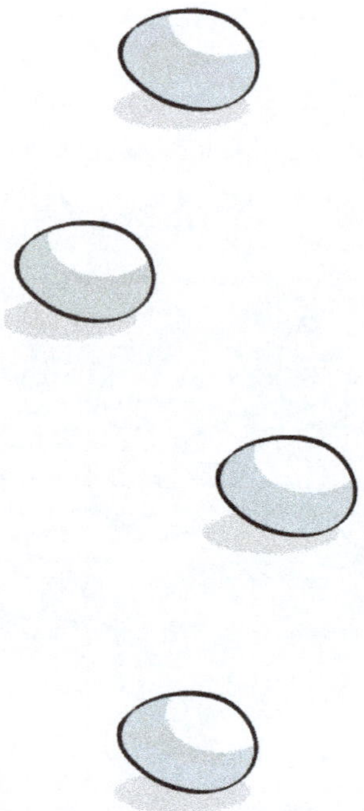

Ilustrações: Roberto Higa/Arquivo da editora

EM QUE CONJUNTO HÁ **MENOS ELEMENTOS**?
ASSINALE COM UM **X**.

OVOS ☐ GALINHAS ☐

DATA: _____ /_____ /_____

E CAROL FOI CONVIDAR OS AMIGOS PARA JOGAR BOLA. LIGUE CADA CRIANÇA A UMA BOLA.

Ilustrações: Ilustra Cartoon/ Arquivo da editora

EM QUE CONJUNTO HÁ **MAIS ELEMENTOS**?
ASSINALE COM UM **X**.

BOLAS ☐ CRIANÇAS ☐

TODA CRIANÇA GOSTA DE BRINCAR. TODAS AS CRIANÇAS DO MUNDO BRINCAM.

Diego Cervo/Shutterstock/Glow Images

Delfim Martins/Pulsar Imagens

pio3/Shutterstock/Glow Images

QUAL É A SUA BRINCADEIRA PREFERIDA? CONTE AOS SEUS COLEGAS E PROFESSOR.

DATA: _____ /_____ /_____

FORAM FEITOS TRAÇOS PARA INDICAR A QUANTIDADE DE ELEMENTOS DOS GRUPOS. ESCOLHA OUTROS BRINQUEDOS E DESENHE A QUANTIDADE CORRESPONDENTE AO NÚMERO DE TRAÇOS. VEJA OS EXEMPLOS:

||

|

Ilustrações: Roberto Higa/Arquivo da editora

|||||

||||

|||

DATA: _____ /_____ /_____

LIGUE CADA GRUPO AO DADO QUE MOSTRA A MESMA QUANTIDADE DE ELEMENTOS.

Ilustrações: Ilustra Cartoon/Arquivo da editora

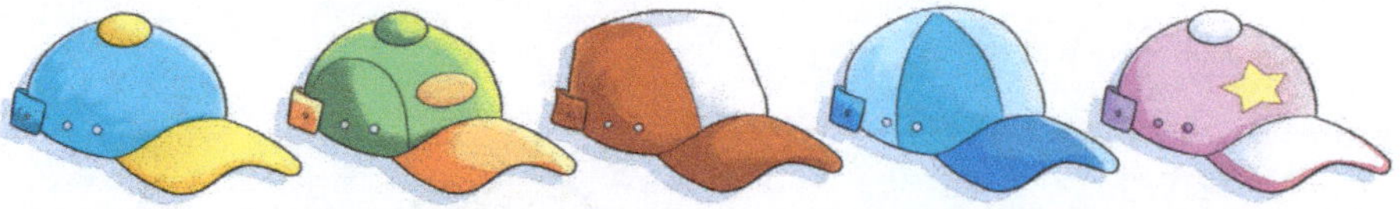

SEQUÊNCIA E SERIAÇÃO

VEJA A BRINCADEIRA QUE MIGUEL E CAROL CRIARAM.
DESCUBRA O SEGREDO E CONTINUE DESENHANDO E COLORINDO.

Ilustrações: Roberto Higa/Arquivo da editora

COM BASE NA ATIVIDADE ACIMA, CONTINUE DESENHANDO COM PALITOS.

DATA: _____ /_____ /_____

COMPLETE AS SEQUÊNCIAS CONFORME O MODELO.

Ilustrações: Ilustra Cartoon/Arquivo da editora

DATA: ____ /____ /____

NESTE JOGO, OS DADOS DEVERÃO SER ARRUMADOS DO MAIOR PARA O MENOR.
DESTAQUE OS DADOS DA PÁGINA 5 DO **MATERIAL DE APOIO** E COLE-OS NOS ESPAÇOS ABAIXO.

Roberto Higa/Arquivo da editora

PINTE SOMENTE AS SEQUÊNCIAS DE OBJETOS ORDENADAS **DO MAIOR PARA O MENOR**.

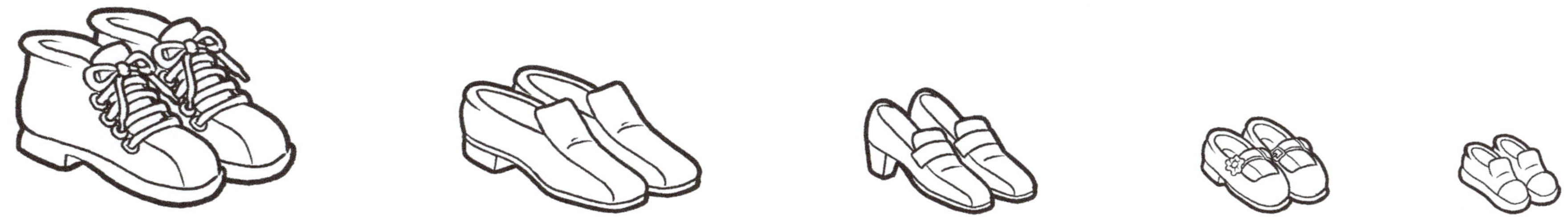

Ilustrações: Roberto Higa/Arquivo da editora

DATA: ____ /____ /____

VEJA QUE PAISAGEM LINDA DO SÍTIO DOS AVÓS DE CAROL E MIGUEL!
AS ÁRVORES PARECEM FORMAR UMA "ESCADINHA".

Ilustra Cartoon/Arquivo da editora

MARQUE COM UM **X** A RESPOSTA CORRETA.
AS ÁRVORES ESTÃO DISPOSTAS:

☐ DA MENOR PARA A MAIOR.

☐ DA MAIOR PARA A MENOR.

DATA: _____ /_____ /_____

NÚMEROS NO DIA A DIA

DEPOIS QUE VOLTARAM DO POMAR, MIGUEL E CAROL COMEÇARAM A CONTAR TUDO O QUE VIAM PELA FRENTE.

VOCÊ JÁ PENSOU COMO OS NÚMEROS FAZEM PARTE DA NOSSA VIDA?

ESCREVA ALGUNS NÚMEROS PRESENTES EM SUA VIDA. SE NECESSÁRIO, PEÇA AJUDA A UM ADULTO.

A SUA IDADE: ______________________________

DIA EM QUE VOCÊ NASCEU: ______________________________

ANO EM QUE VOCÊ NASCEU: ______________________________

NÚMERO DO SEU CALÇADO: ______________________________

NÚMERO DE ROUPA QUE VOCÊ USA: ______________________________

O NÚMERO DE SUA CASA: ______________________________

DATA: _____ /_____ /_____

CIRCULE OS NÚMEROS DO FOLHETO DO SUPERMERCADO.

Ilustra Cartoon/Arquivo da editora

QUANTOS OVINHOS HÁ NO NINHO? QUANTOS DEDOS ESTÃO LEVANTADOS? ESCREVA OS NÚMEROS.

Ilustrações: Roberto Higa/Arquivo da editora

DATA: _____ /_____ /_____

NESTE JOGO É PRECISO ACERTAR AS QUANTIDADES. PARA ISSO, BASTA RISCAR O QUE ESTÁ A MAIS OU DESENHAR O QUE ESTÁ FALTANDO.

Ilustrações: Roberto Higa/Arquivo da editora

DATA: _____ /_____ /_____

LEIA COM O PROFESSOR E OS COLEGAS.

ERA UMA VEZ TRÊS GATOS PINGADOS:
PINGO UM, PINGO DOIS, PINGO TRÊS,
MAIS UM GATO XADREZ E UM CACHORRO PEQUINÊS,
QUE MORAVAM NA CASA DE UM CHINÊS.
ERAM CINCO?
NÃO. ERAM SEIS,
PORQUE TINHA TAMBÉM A FILHA DO CHINÊS.
TURQUESA ERA O NOME DELA
PRA COMBINAR COM A CORTINA DA JANELA.

OITO A COMER BISCOITO OU DEZ A COMER PASTÉIS, DE ELENICE MACHADO DE ALMEIDA. SÃO PAULO: QUINTETO EDITORIAL, 1996.

Alexandre Matos/Arquivo da editora

PINTE AS **SEIS** ARGOLAS.

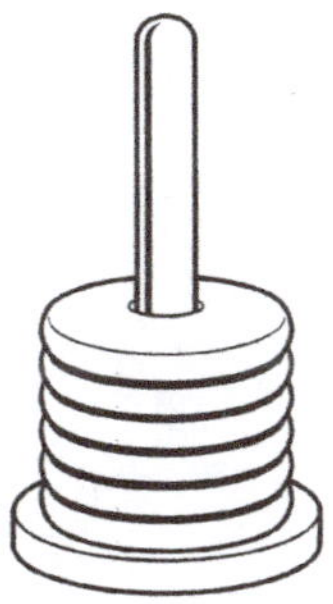

ESTE É O 6.

seis

DATA: ____ /____ /____

SERÁ QUE HÁ UMA BANANA PARA CADA MACACO E UMA BOLINHA PARA CADA CACHORRO? CONTE AS FIGURAS E DESENHE O QUE ESTIVER FALTANDO.

QUANTOS  ? ☐

QUANTAS  ? ☐

PRECISEI DESENHAR?

☐ SIM ☐ NÃO

Ilustrações: Ilustra Cartoon/Arquivo da editora

QUANTOS  ? ☐

QUANTAS  ? ☐

PRECISEI DESENHAR?

☐ SIM ☐ NÃO

CANTE COM OS COLEGAS E O PROFESSOR A CANTIGA A SEGUIR.

HAVIA UM PASTORZINHO
QUE ANDAVA A PASTOREAR
SAIU DE SUA CASA
E PÔS-SE A CANTAR
DÓ, RÉ, MI, FÁ, FÁ, FÁ,
DÓ, RÉ, DÓ, RÉ, RÉ, RÉ,
DÓ, SOL, FÁ, MI, MI, MI,
DÓ, RÉ, MI, FÁ, FÁ, FÁ
[...]

CANTIGA POPULAR

Alexandre Matos/Arquivo da editora

HÁ SETE NOTAS MUSICAIS: DÓ, RÉ, MI, FÁ, SOL, LÁ, SI.
PINTE UMA ARGOLA PARA CADA NOTA MUSICAL.
PINTE AS **SETE** ARGOLAS.

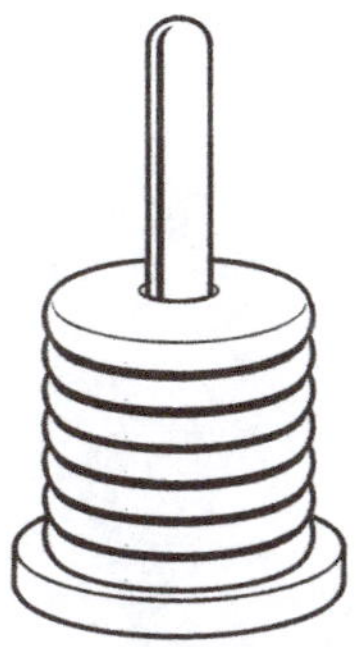

ESTE É O 7.
sete

DATA: _____ /_____ /_____

VAMOS BRINCAR DE JOGO DOS 7 ERROS?
ESTÃO FALTANDO 7 ELEMENTOS NA CENA 2. DESCUBRA QUAIS SÃO E CIRCULE-OS NA CENA 1.

1

2

Ilustra Cartoon/Arquivo da editora

DATA: _____ /_____ /_____

LEIA COM O PROFESSOR O TEXTO A SEGUIR.

NUMA NOITE ESTRELADA, CONSEGUIMOS VER MUITOS PONTINHOS BRILHANTES NO CÉU E ACABAMOS ACHANDO QUE TODOS SÃO ESTRELAS. MAS NÃO SÃO. A MAIOR PARTE É DE ESTRELAS, SIM. MAS UM OU OUTRO PONTINHO LUMINOSO PODE SER TAMBÉM UM PLANETA, VOCÊ SABIA? [...]
VOCÊ SABE QUANTOS E QUAIS SÃO OS PLANETAS QUE FAZEM PARTE DO SISTEMA SOLAR? ELES SÃO OITO E SE CHAMAM: MERCÚRIO, VÊNUS, TERRA, MARTE, JÚPITER, SATURNO, URANO E NETUNO.

DISPONÍVEL EM: <WWW.PLANETARIODORIO.COM.BR/BLOGUINHO/INDEX.PHP?OPTION=COM_K2&VIEW=ITEM&ID=258:SISTE>. ACESSO EM: 27 FEV. 2014.

Alexandre Matos/Arquivo da editora

PINTE AS **OITO** ARGOLAS.

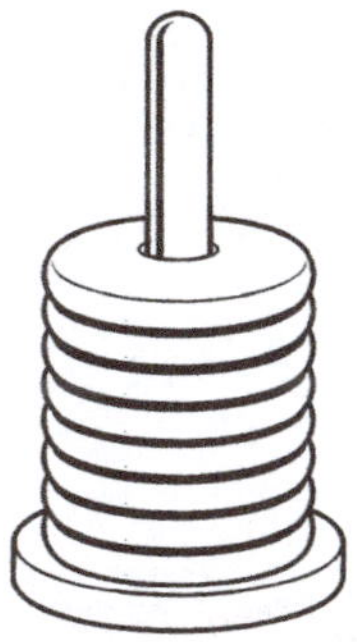

ESTE É O 8.

oito

DATA: _____ /_____ /_____

OS ALUNOS FIZERAM PILHAS DE CADERNOS E LIVROS. VEJA.

Ilustrações: Roberto Higa/ Arquivo da editora

QUAL É A QUANTIDADE DE CADA MATERIAL?

HÁ MAIS CADERNOS OU MAIS LIVROS? ASSINALE COM UM **X**.

CANTE COM UM COLEGA A MÚSICA A SEGUIR.

SALTANDO DE CASA EM CASA
BRINCANDO DE AMARELINHA
COM CUIDADO, COM JEITINHO
PARA NÃO PISAR NA LINHA.

Alexandre Matos/Arquivo da editora

PINTE AS **NOVE** ARGOLAS.

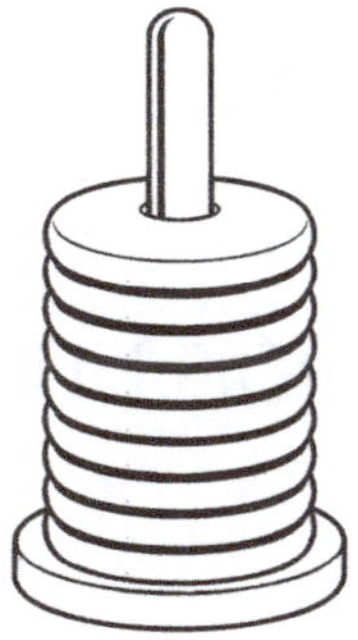

ESTE É O 9.

nove

DATA: _____ /_____ /_____

PARA ENFEITAR O QUINTAL DA CASA DOS AVÓS DE MIGUEL E CAROL, SEUS AMIGOS FIZERAM BANDEIRINHAS COLORIDAS.

Ilustra Cartoon/Arquivo da editora

QUANTAS  ? ______________________

QUANTAS  ? ______________________

HÁ MAIS  OU  ? ______________________

TOTAL DE 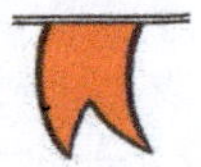 +  ? ______________________

COMPLETE O BARBANTE PARA QUE FIQUE COM 9 BANDEIRINHAS. DEPOIS NUMERE-AS DE 1 A 9.

O ZERO

CIRCULE A LATA EM QUE NÃO HÁ BISCOITO.

Ilustrações: Roberto Higa/Arquivo da editora

ESTE É O 0.

zero

VOCÊ JÁ JOGOU BOLICHE? NESTE JOGO, O OBJETIVO É NÃO DEIXAR NENHUM PINO EM PÉ. EM QUAL CENA NENHUM PINO FICOU EM PÉ? MARQUE COM UM **X**.

Ilustrações: Ilustra Cartoon/Arquivo da editora

QUANTAS BOLINHAS DE GUDE HÁ EM CADA SACO?

Ilustrações: Ilustra Cartoon/Arquivo da editora

DATA: _____ /_____ /_____

QUANTOS BOTÕES HÁ EM CADA CAMISA? CONTE E ESCREVA OS NÚMEROS.

Ilustrações: Ilustra Cartoon/Arquivo da editora

DATA: _____ /_____ /_____

COMO CAROL JÁ SABE OS NÚMEROS ATÉ **9**, ELA FEZ UMA SANFONINHA DE PAPEL, MOSTRANDO O QUE JÁ APRENDEU.

Ilustrações: Ilustra Cartoon/Arquivo da editora

AGORA É A SUA VEZ. COMPLETE A SANFONINHA COM NÚMEROS DE **0** A **9**.

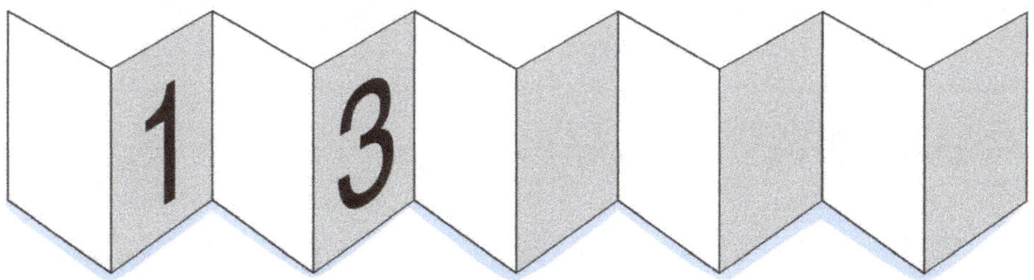

DATA: _____ /_____ /_____

FAZENDO ARTE

VEJA ESTA OBRA DE ARTE!

0-9, DE JASPER JOHNS, 1960.

ESCREVA O QUE VOCÊ VÊ NELA.

ESCREVA O NOME DA OBRA.

VAMOS FAZER OS NÚMEROS DE 0 A 5 USANDO MASSINHA DE MODELAR? SIGA AS ETAPAS DE CADA IMAGEM E MÃOS À OBRA.

SEPARE MASSINHA DE MODELAR DE DIVERSAS CORES.

MOLDE O ZERO USANDO A MASSINHA AMARELA.

FAÇA O NÚMERO 1 AO LADO DO 0. USE A MASSINHA VERMELHA.

AGORA É A VEZ DO NÚMERO 2 AO LADO DO 1. USE A MASSINHA VERDE.

MOLDE O NÚMERO 3 AO LADO DO 2. USE A MASSINHA LARANJA.

FAÇA O NÚMERO 4 AO LADO DO 3. USE A MASSINHA AZUL.

FAÇA O NÚMERO 5 AO LADO DO 4. USE MASSINHA PRETA.

Ilustrações: Ilustra Cartoon/ Arquivo da editora

DATA: _____ /_____ /_____

HORA DE BRINCAR

PESCARIA

NA CIDADE EM QUE ESTÃO MIGUEL E CAROL ESTÁ ACONTECENDO UMA FESTA JUNINA. LÁ TEM UMA PESCARIA BEM DIFERENTE: SÓ GANHA QUEM TIRAR O LIXO DO LAGO.
VEJA AS CRIANÇAS BRINCANDO.

Ilustrações: Ilustra Cartoon/Arquivo da editora

VAMOS PESCAR TAMBÉM? FAÇA UM **X** EM TUDO QUE NÃO DEVERIA ESTAR NO LAGO.

QUANTOS OBJETOS VOCÊ CONSEGUIU PESCAR? __________.

UNIDADE 3
CONTANDO E RECICLANDO

Juan Carlos Federico/Arquivo da editora

RODA DE CONVERSA

CAROL E MIGUEL SEPARAM O LIXO RECICLÁVEL EM CASA.
VOCÊ SEPARA O LIXO RECICLÁVEL NA SUA CASA?

Ilustra Cartoon/Arquivo da editora

A DEZENA

VEJA QUANTAS TAMPINHAS DE GARRAFA MIGUEL SEPAROU PARA A COLETA SELETIVA.

Ilustra Cartoon/Arquivo da editora

PINTE AS **DEZ** ARGOLAS.

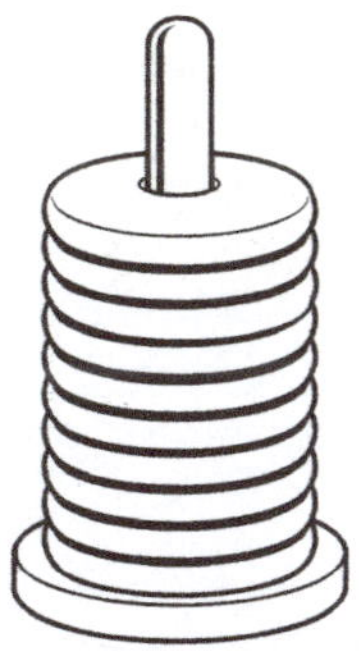

ESTE É O 10.

dez

DESENHE AS TAMPINHAS QUE FALTAM PARA QUE FIQUEM 10 TAMPINHAS NO POTE.

10 UNIDADES FORMAM **UMA DEZENA**.

DATA: _____ /_____ /_____

VEJA COMO OS ALUNOS REPRESENTARAM UMA DEZENA USANDO UM JOGO DE MONTAR.

Ilustrações: Ilustra Cartoon/Arquivo da editora

DEZENAS	UNIDADES

0	9

DEZENAS	UNIDADES
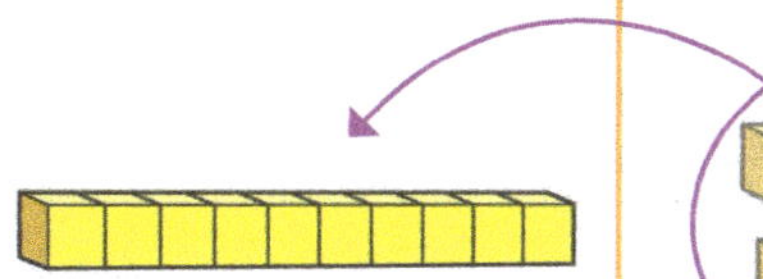	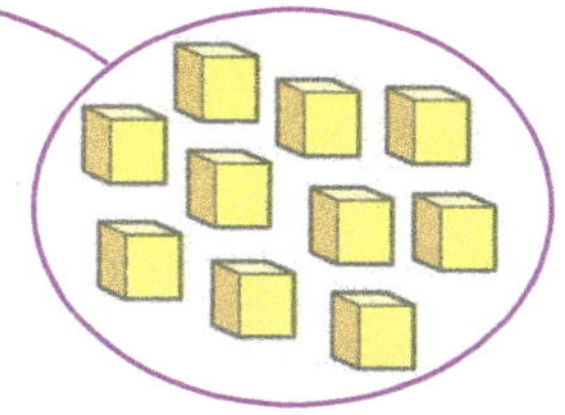
1	0

NESSE JOGO OS ALUNOS TROCARAM 10  POR UMA 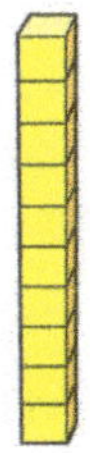 .

BRINQUE TAMBÉM! A CADA 10 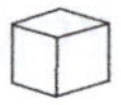 QUE VOCÊ AGRUPAR, PINTE UMA .

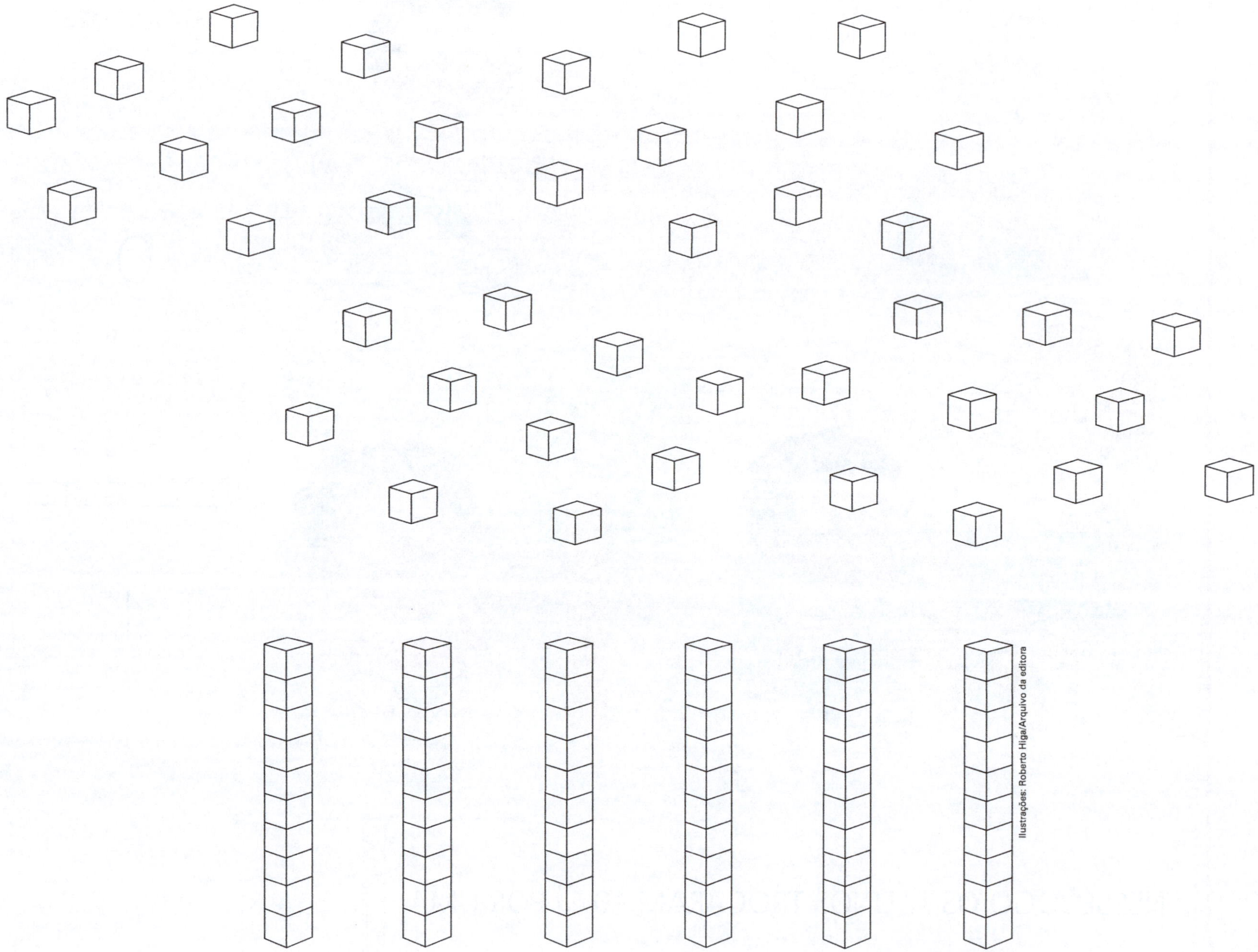

Ilustrações: Roberto Higa/Arquivo da editora

DESENHE, EM CADA PRATELEIRA, AS GARRAFAS QUE FALTAM PARA COMPLETAR AS QUANTIDADES ABAIXO.

PRATELEIRA 1:
10 GARRAFAS PET

PRATELEIRA 2:
9 GARRAFAS PET

PRATELEIRA 3:
8 GARRAFAS PET

PRATELEIRA 4:
7 GARRAFAS PET

PRATELEIRA 5:
6 GARRAFAS PET

Ilustra Cartoon/Arquivo da editora

DATA: _____ /_____ /_____

CAROL FEZ MAIS UMA SANFONA NUMÉRICA. OBSERVE A SANFONA E ESCREVA:

O NÚMERO QUE VEM ANTES DE:

________ 6

________ 3

________ 4

O NÚMERO QUE VEM DEPOIS DE:

7 ________

8 ________

5 ________

E O NÚMERO QUE ESTÁ ENTRE:

4 ________ 6

1 ________ 3

7 ________ 9

Ilustra Cartoon/Arquivo da editora

QUANTOS SÃO? CONTE OS ELEMENTOS E ESCREVA OS NÚMEROS CORRESPONDENTES NOS QUADRINHOS.

Ilustrações: Ilustra Cartoon/Arquivo da editora

DATA: ____/____/____

FORME GRUPOS DE 10 LÁPIS. DEPOIS, LIGUE CADA GRUPO A UMA BORRACHA.

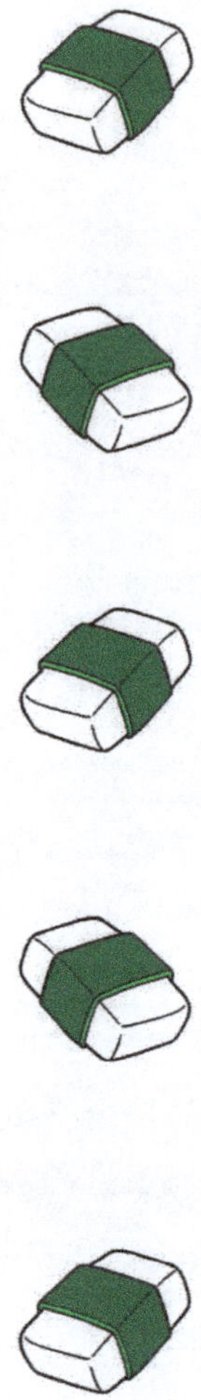

Ilustrações: Roberto Higa/Arquivo da editora

AGORA, RESPONDA:

QUANTOS GRUPOS DE 10 LÁPIS VOCÊ FORMOU? ______

QUANTAS BORRACHAS VOCÊ LIGOU AOS LÁPIS? ______

DATA: ____ /____ /____

DESENHE OS ELEMENTOS DO NOVO CONJUNTO E ESCREVA O NÚMERO CORRESPONDENTE.

3 ○ ○ ○ → MAIS 1 → [ ]

4 ○ ○ ○ ○ → MAIS 1 → [ ]

5 ○ ○ ○ ○ ○ → MAIS 1 → [ ]

CONTINUE DESENHANDO.

6 — MAIS 1 →

7 — MAIS 1 →

8 — MAIS 1 →

9 — MAIS 1 →

DATA: _____ /_____ /_____

O TEMA É...

RECICLAR!

A ESCOLA DE MIGUEL E CAROL FEZ UM MUTIRÃO PARA RECICLAR LIXO. CONTE QUANTOS MATERIAIS DE CADA TIPO ELES CONSEGUIRAM ARRECADAR:

Ilustra Cartoon/Arquivo da editora

CONVERSE COM O PROFESSOR E OS COLEGAS: O QUE MAIS ELES PODERIAM TER LEVADO PARA RECICLAR?

DATA: _____ /_____ /_____

TODA A TURMA JÁ ENTREGOU OS MATERIAIS QUE CONSEGUIU ARRECADAR. SEPARE OS MATERIAIS EM GRUPOS DE 10. DEPOIS, LIGUE-OS AO LIXO CORRETO. VEJA O EXEMPLO.

Ilustrações: Ilustra Cartoon/Arquivo da editora

FAZENDO ARTE

A TURMA DE CAROL E MIGUEL APROVEITOU A SEPARAÇÃO DE MATERIAIS ARRECADADOS PARA FAZER ARTE.

ELES SEPARARAM OS SEGUINTES MATERIAIS:

- CAIXA DE SAPATO.
- CAIXA DE CEREAL.
- CAIXA DE REMÉDIO.
- CAIXA DE CREME DENTAL.
- ROLOS DE PAPEL HIGIÊNICO.
- TAMPAS DE GARRAFA PET.
- PALITOS DE SORVETE.
- PEDAÇOS DE PAPEL.

Ilustra Cartoon/Arquivo da editora

DATA: _____ /_____ /_____

VOCÊ TAMBÉM VAI FAZER ARTE!

O PROFESSOR VAI ENTREGAR PARA CADA GRUPO: OS MATERIAIS RECICLÁVEIS, COLA, TESOURA, FOLHA SULFITE, LÁPIS DE COR, GIZ DE CERA E CANETINHAS.

CADA GRUPO VAI MONTAR O QUE QUISER COM OS MATERIAIS. PODE SER UM BRINQUEDO, UM OBJETO, UMA CONSTRUÇÃO.

QUANDO TERMINAREM, DEEM UM TÍTULO PARA A OBRA E EXPLIQUEM AOS DEMAIS COLEGAS O QUE VOCÊS PRODUZIRAM.

Ilustra Cartoon/Arquivo da editora

ORDEM CRESCENTE E DECRESCENTE

VAMOS CANTAR?

INDIOZINHOS

1, 2, 3 INDIOZINHOS
4, 5, 6 INDIOZINHOS
7, 8, 9 INDIOZINHOS
10 NUM PEQUENO BOTE.
VINHAM NAVEGANDO PELO RIO ABAIXO
QUANDO UM JACARÉ SE APROXIMOU
E O PEQUENO BOTE DOS INDIOZINHOS
QUASE, QUASE VIROU,
MAS NÃO VIROU!

CANTIGA POPULAR

Alexandre Matos/Arquivo da editora

OS NÚMEROS VÃO DO MENOR PARA O MAIOR. ELES ESTÃO EM ORDEM CRESCENTE.

DATA: ______ /______ /______

VAMOS CANTAR A MÚSICA EM OUTRA ORDEM?

INDIOZINHOS

10, 9, 8 INDIOZINHOS
7, 6, 5 INDIOZINHOS
4, 3, 2 INDIOZINHOS
1 NUM PEQUENO BOTE.
VINHAM NAVEGANDO PELO RIO ABAIXO
QUANDO UM JACARÉ SE APROXIMOU
E O PEQUENO BOTE DOS INDIOZINHOS
QUASE, QUASE VIROU,
MAS NÃO VIROU!

CANTIGA POPULAR

AGORA, OS NÚMEROS VÃO DO MAIOR PARA O MENOR. ELES ESTÃO EM ORDEM DECRESCENTE.

DATA: _____ /_____ /_____

NÚMEROS ORDINAIS

VEJA QUEM FORAM OS PREMIADOS DO CONCURSO DE PECINHAS DE MONTAR.

PINTE DE:

O QUE ESTÁ EM 1º LUGAR. O QUE ESTÁ EM 2º LUGAR. O QUE ESTÁ EM 3º LUGAR.

DATA: _____ /_____ /_____

CAROL E MIGUEL FORAM COM OS AMIGOS ASSISTIR A UMA CORRIDA DE BICICLETAS. VEJA COMO A CORRIDA TERMINOU.

Ilustra Cartoon/Arquivo da editora

EM QUE POSIÇÃO CHEGOU A MENINA DE BLUSA AMARELA?

☐ EM 3º LUGAR. ☐ EM 5º LUGAR.

EM QUE POSIÇÃO CHEGOU O ÚLTIMO COLOCADO?

☐ EM 10º LUGAR. ☐ EM 9º LUGAR.

DE QUE COR É O CAPACETE DO 1º COLOCADO?

☐ VERDE. ☐ LARANJA.

DE QUE COR É O TÊNIS DO 5º COLOCADO?

☐ LARANJA. ☐ AZUL.

DATA: _____ /_____ /_____

A IDEIA DE JUNTAR

QUANTAS FRUTAS HÁ EM CADA CESTO? COMPLETE OS QUADROS.

Ilustrações: Ilustra Cartoon/Arquivo da editora

4 BANANAS MAIS 3 MAÇÃS É IGUAL A 7 FRUTAS.

DATA: _____ /_____ /_____

COMPLETE OS QUADROS COM OS NÚMEROS CORRESPONDENTES.

QUANTOS?	QUANTOS?	QUANTOS AO TODO?

OBSERVE OS DOCES E CONTE QUANTOS HÁ.

Ilustrações: Ilustra Cartoon/Arquivo da editora

AGORA COMPLETE:

 MAIS  É IGUAL A ________ DOCINHOS.

 MAIS  É IGUAL A ________ DOCINHOS.

 MAIS  É IGUAL A ________ DOCINHOS.

DATA: _____ /_____ /_____

ESTE É O SINAL DE MAIS: +. SABE O QUE ELE SIGNIFICA?
OBSERVE E CONTINUE COMPLETANDO.

1 + 2 = 3

☐ + ☐ = ☐

☐ + ☐ = ☐

Ilustrações: Roberto Higa/Arquivo da editora

DATA: _____ /_____ /_____

DÊ O RESULTADO PARA CADA SITUAÇÃO.

MIGUEL TINHA 4 CARRINHOS.

NO SEU ANIVERSÁRIO, ELE GANHOU MAIS 2.

QUANTOS CARRINHOS ELE TEM AGORA?

$$\begin{array}{r} 4 \\ +2 \\ \hline \square \end{array}$$

AGORA ELE TEM ______ CARRINHOS.

MIMI É A GATA DE CAROL.

MIMI TEVE 3 FILHOTES.

QUANTOS GATOS CAROL TEM AGORA?

$$\begin{array}{r} 1 \\ +3 \\ \hline \square \end{array}$$

AGORA ELA TEM ______ GATOS.

Ilustrações: Ilustra Cartoon/Arquivo da editora

AGORA, RESOLVA ESTES DESAFIOS:

1. AMANDA TINHA 6 BALAS. COMPROU MAIS 2.
COM QUANTAS BALAS ELA FICOU?

$$\begin{array}{r} 6 \\ +2 \\ \hline \square \end{array}$$

2. JOANA TINHA 2 PIRULITOS. GANHOU MAIS 5.
COM QUANTOS PIRULITOS ELA FICOU?

$$\begin{array}{r} 2 \\ +5 \\ \hline \square \end{array}$$

3. ALEXANDRE TINHA 8 LÁPIS. ENCONTROU MAIS 2.
COM QUANTOS LÁPIS ELE FICOU?

$$\begin{array}{r} 8 \\ +2 \\ \hline \square \end{array}$$

4. JULIANO TINHA 6 PETECAS. GANHOU MAIS 3.
COM QUANTAS PETECAS ELE FICOU?

$$\begin{array}{r} 6 \\ +3 \\ \hline \square \end{array}$$

Ilustrações: Ilustra Cartoon/Arquivo da editora

DATA: _____ /_____ /_____

A IDEIA DE TIRAR

VEJA AS FIGURAS E RESPONDA ÀS QUESTÕES ORALMENTE.

HÁ QUANTOS PÁSSAROS NA ÁRVORE?

QUANTOS PÁSSAROS VOARAM?

QUANTOS PÁSSAROS FICARAM?

Ilustrações: Ilustra Cartoon/Arquivo da editora

5 MENOS 2 É IGUAL A 3

$5 - 2 = 3$

DATA: _____ /_____ /_____

VAMOS BRINCAR DE TIRAR? ESCREVA AS QUANTIDADES.

QUANTAS 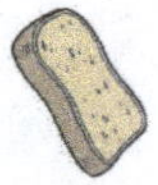 HÁ NA CESTA?

☐

QUANTAS 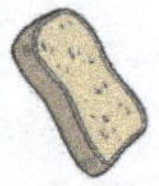 FORAM TIRADAS DA CESTA?

☐

QUANTAS 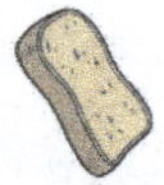 FICARAM NA CESTA?

☐

Ilustrações: Roberto Higa/Arquivo da editora

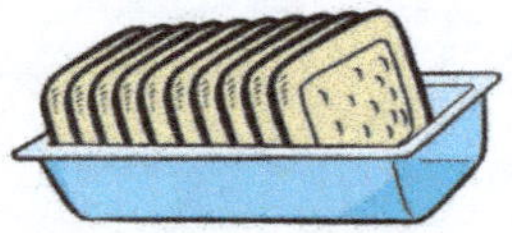

QUANTAS  HÁ NO POTE?

☐

QUANTAS  FORAM TIRADAS DO POTE?

☐

QUANTAS  FICARAM NO POTE?

☐

DATA: _____ /_____ /_____

DESTAQUE AS FIGURAS DA PÁGINA 5 DO **MATERIAL DE APOIO** PARA COMPLETAR AS PÁGINAS DOS ÁLBUNS.

QUANTAS FIGURINHAS CABEM NESTA PÁGINA DO ÁLBUM? ________

QUANTAS FIGURINHAS JÁ ESTÃO COLADAS? ________

QUANTAS FIGURINHAS VOCÊ VAI COLAR? ________

QUANTAS FIGURINHAS CABEM NESTA PÁGINA DO ÁLBUM? ________

QUANTAS FIGURINHAS JÁ ESTÃO COLADAS? ________

QUANTAS FIGURINHAS VOCÊ VAI COLAR? ________

Ilustrações: Ilustra Cartoon/Arquivo da editora

DESENHE AS QUANTIDADES CONFORME CADA SITUAÇÃO.

QUANTOS LÁPIS?	QUANTOS FORAM RETIRADOS?	QUANTOS FICARAM?
	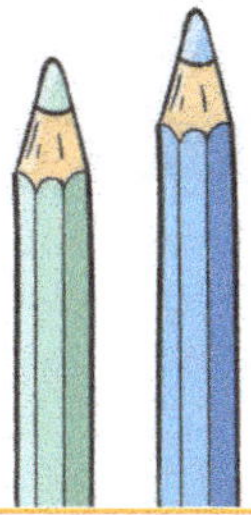	

Ilustrações: Roberto Higa/Arquivo da editora

QUANTAS MAÇÃS?	QUANTAS FORAM RETIRADAS?	QUANTAS FICARAM?

QUANTAS MOEDAS?	QUANTAS FORAM RETIRADAS?	QUANTAS FICARAM?
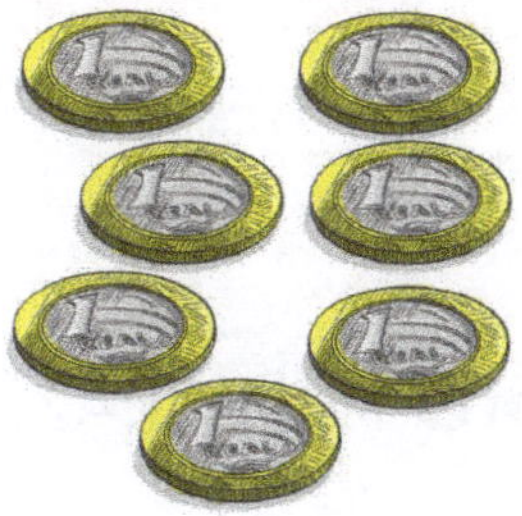	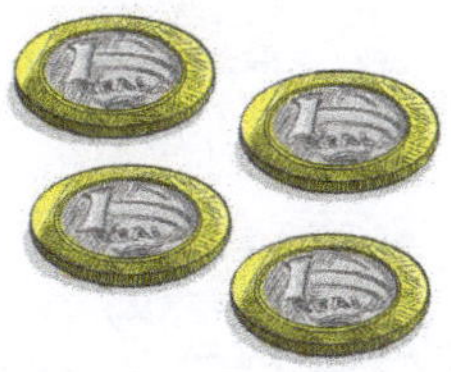	

DATA: _____ /_____ /_____

QUAL É O RESULTADO DAS SEGUINTES OPERAÇÕES? COMPLETE E RISQUE O QUE FOI TIRADO.

$$\begin{array}{r} 5 \\ -\ 2 \\ \hline \square \end{array}$$

$$\begin{array}{r} 3 \\ -\ 1 \\ \hline \square \end{array}$$

Ilustrações: Roberto Higa/Arquivo da editora

$$\begin{array}{r} 5 \\ -\ 1 \\ \hline \square \end{array}$$

$$\begin{array}{r} 6 \\ -\ 4 \\ \hline \square \end{array}$$

$$\begin{array}{r} 8 \\ -\ 2 \\ \hline \square \end{array}$$

$$\begin{array}{r} 7 \\ -\ 4 \\ \hline \square \end{array}$$

AGORA UTILIZE AS FICHAS DA PÁGINA 7 DO **MATERIAL DE APOIO** PARA FAZER SUAS PRÓPRIAS OPERAÇÕES.

DATA: _____ /_____ /_____

OBSERVE AS CENAS E COMPLETE AS FRASES:

PEDRO TINHA 6 BALÕES. 3 VOARAM.

ELE FICOU COM ________ BALÕES.

6 − 3 = ________

Ilustrações: Ilustra Cartoon/Arquivo da editora

CARINA TINHA 8 PICOLÉS. TOMOU 2.

SOBRARAM, ENTÃO, ________ PICOLÉS.

8 − 2 = ________

DE 9 FLORES, 4 MURCHARAM.

SOBRARAM, ENTÃO, ________ FLORES.

9 − 4 = ________

A ÁRVORE TINHA 7 FRUTOS. CAÍRAM 3.

ELA FICOU COM ________ FRUTOS.

7 − 3 = ________

DATA: _____ /_____ /_____

HORA DE BRINCAR

JOGO DO PALITO

VOCÊ SABE BRINCAR DE PALITO? ACOMPANHE A LEITURA DO SEU PROFESSOR. DEPOIS BRINQUE COM OS COLEGAS.

PODEM BRINCAR DUAS OU TRÊS CRIANÇAS.
CADA PARTICIPANTE DEVE TER TRÊS PALITOS NAS MÃOS. NO COMEÇO DO JOGO, ELES COLOCAM AS MÃOS NAS COSTAS E SEGURAM UM, DOIS, TRÊS OU NENHUM PALITO. DEPOIS, CADA PARTICIPANTE DEVE DIZER QUANTOS PALITOS ACHA QUE TODOS ELES, JUNTOS, VÃO MOSTRAR.
QUANDO UM DELES GRITA "JÁ", TODOS MOSTRAM QUANTOS PALITOS TÊM NAS MÃOS.
QUEM ACERTA GANHA UM PONTO E, AO FIM, GANHA QUEM TIVER MAIS PONTOS.

DISPONÍVEL EM: <HTTP://MAPADOBRINCAR.FOLHA.COM.BR/BRINCADEIRAS/DIVERSAS/731-PALITO>.ACESSO EM: 4 MAR. 2015.

Ilustra Cartoon/Arquivo da editora

DATA: _____ /_____ /_____

UNIDADE 4

DIVERSÃO COM OS AMIGOS E A FAMÍLIA

Juan Carlos Federico/Arquivo da editora

RODA DE CONVERSA

É SEMPRE MUITO BOM ESTAR PRÓXIMO DA FAMÍLIA E DOS AMIGOS.

Ilustra Cartoon/Arquivo da editora

VOCÊ SE REÚNE COM SUA FAMÍLIA E COM SEUS AMIGOS? EM QUE SITUAÇÕES?

DATA: _____ /_____ /_____

NÚMEROS DE 11 A 50

OS PAIS DE CAROL ORGANIZARAM UMA FESTA DE ANIVERSÁRIO PARA ELA. CAROL GANHOU 10 GIBIS DE UM GRUPO DE AMIGOS. A PARTIR DESSE DIA, ELA COMEÇOU A COMPRAR UM GIBI POR MÊS. VEJA COMO A COLEÇÃO FOI CRESCENDO:

Ilustra Cartoon/Arquivo da editora

JANEIRO	FEVEREIRO	MARÇO	ABRIL	MAIO	JUNHO	JULHO	AGOSTO	SETEMBRO	OUTUBRO
11 LIVROS	12 LIVROS	13 LIVROS	14 LIVROS	15 LIVROS	16 LIVROS	17 LIVROS	18 LIVROS	19 LIVROS	20 LIVROS

DATA: _____ /_____ /_____

PINTE OS PALITOS PARA COMPLETAR AS QUANTIDADES INDICADAS. VEJA O EXEMPLO.

11

15

17

LIGUE OS PONTOS DE 1 A 20 E DESCUBRA O QUE VAI APARECER.

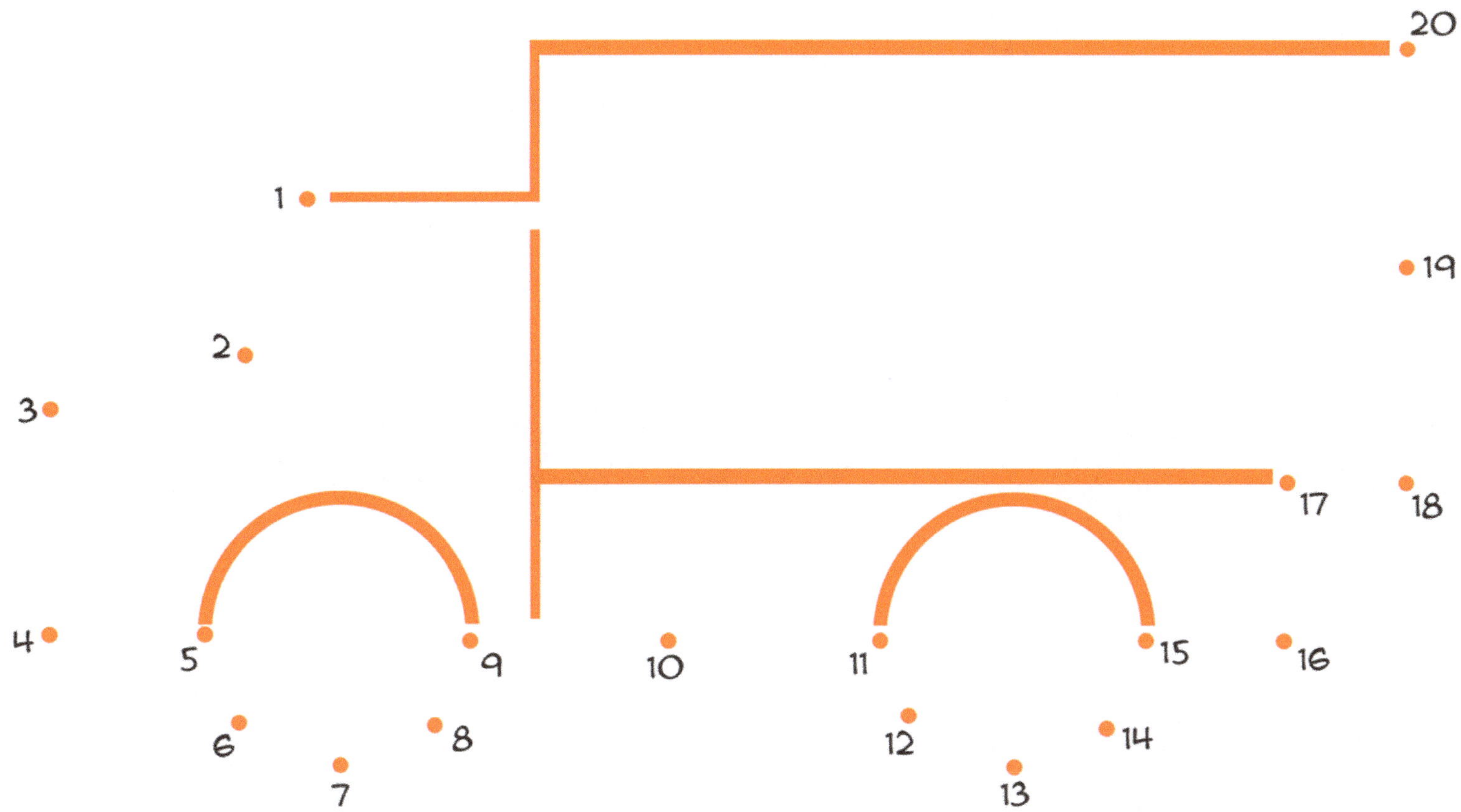

AGORA, COMPLETE A CARTELA COM OS NÚMEROS QUE FALTAM.

1			4				8		
11	12	13					18		20

DATA: _____ /_____ /_____

JUNTE AS QUANTIDADES E COMPLETE. VEJA O EXEMPLO:

+  = 11 REAIS

+  = ______ REAIS

+  = ______ REAIS

+  = ______ REAIS

Fotos: Reprodução/Casa da Moeda do Brasil/Ministério da Fazenda

DATA: ____ /____ /____

OS PAIS DE MIGUEL E CAROL FORAM AO CINEMA. OS INGRESSOS CUSTARAM 18 REAIS. MARQUE COM UM **X** A QUANTIDADE CORRETA.

Ilustra Cartoon/Arquivo da editora

 ☐

 ☐

 ☐

Fotos: Reprodução/Casa da Moeda do Brasil/Ministério da Fazenda

DESENHE A QUANTIDADE QUE FALTA. VEJA O EXEMPLO.

22

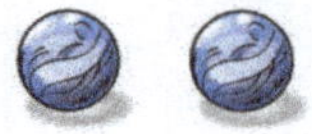

25

28

CRIANÇAS ADORAM BRINCAR COM O JOGO DE TRILHA! MAS ESTÃO FALTANDO ALGUNS NÚMEROS. CONSULTE A TABELA E TERMINE DE NUMERAR O JOGO.

1	2	3	4	5	6	7	8	9	10
11	12	13	14	15	16	17	18	19	20
21	22	23	24	25	26	27	28	29	30
31	32	33	34	35	36	37	38	39	40

Roberto Higa/Arquivo da editora

DATA: ____ /____ /____

HAVERÁ UMA EXCURSÃO NA ESCOLA. VEJA QUANTAS CRIANÇAS VÃO PARTICIPAR:

1. Alice
2. Amanda
3. Amélia
4. Ana Beatriz
5. Armando
6. Bianca
7. Bruno
8. Carolina
9. Clarice
10. Daniel
11. Diego
12. Douglas
13. Érico
14. Fabrício
15. Fátima
16. Gabriel
17. Giovana
18. Gisele
19. Janice
20. João
21. Karina
22. Keila
23. Leandro
24. Letícia
25. Lucas
26. Maiara
27. Maria
28. Mateus
29. Maurício
30. Mônica
31. Naiara
32. Nilde
33. Noêmia
34. Otávio
35. Pâmela
36. Patrícia
37. Paulo
38. Pedro
39. Quitéria
40. Raul
41. Renata
42. Rodrigo
43. Sabrina
44. Sofia
45. Tadeu
46. Talita
47. Tatiana
48. Válter
49. Vanessa
50. William

Walmir Santos/Arquivo da editora

DATA: _____ /_____ /_____

AGORA, VOCÊ VAI FAZER UMA LISTA DOS SEUS COLEGAS DE CLASSE.
ACRESCENTE NA LISTA O NOME DE PESSOAS QUE VOCÊ GOSTARIA DE CONVIDAR PARA UM PASSEIO.

Walmir Santos/Arquivo da editora

DATA: _____ /_____ /_____

AGORA, VAMOS PRATICAR. COLE AQUI OS NÚMEROS QUE SEU PROFESSOR VAI DITAR.

DATA: _____ /_____ /_____

O TEMA É...

REDUZIR!

VEJA AS CENAS ABAIXO E COMPLETE AS FRASES.

Ilustrações: Ilustra Cartoon/Arquivo da editora

NA RUA PASSAM ________ CARROS.
EM CADA CARRO HÁ ________ PESSOA.
NO TOTAL, SÃO ________ PESSOAS
EM ________ CARROS.

NA RUA PASSA ________ CARRO.
NO CARRO HÁ ________ PESSOAS.
NO TOTAL, SÃO ________ PESSOAS
EM ________ CARRO.

VOCÊ SABIA QUE OS CARROS POLUEM O MEIO AMBIENTE? POR ISSO, QUANTO MENOS CARROS, MENOS POLUIÇÃO!

CONTE QUANTAS PESSOAS VÃO ENTRAR NO ÔNIBUS:

Ilustrações: Ilustra Cartoon/Arquivo da editora

☐ PESSOAS.

AGORA, CONTE QUANTAS VÃO ENTRAR NO VAGÃO DO METRÔ:

☐ PESSOAS.

IMAGINE SE TODAS ESSAS PESSOAS USASSEM CARRO! ASSIM É BEM MELHOR PARA O MEIO AMBIENTE.

DATA: _____ /_____ /_____

A IDEIA DE MEDIR

A TURMA DE MIGUEL E CAROL INVENTOU UMA BRINCADEIRA MUITO DIVERTIDA. O OBJETIVO É COLOCAR A PEDRINHA DENTRO DO QUADRADO. SE NINGUÉM CONSEGUIR, VENCE QUEM COLOCAR A PEDRINHA MAIS PERTO.

Ilustrações: Ilustra Cartoon/Arquivo da editora

QUEM CONSEGUIU A MENOR DISTÂNCIA? MARQUE COM UM **X**.

☐ 

☐ 

☐ 

DATA: ____ /____ /____

JULIANA, AMIGA DE MIGUEL, GANHOU UM COMPUTADOR. AGORA ELA PRECISA VER SE A MESINHA PARA O COMPUTADOR CABE EM SEU QUARTO. VEJA AS MEDIÇÕES QUE ELA FEZ.

Ilustrações: Ilustra Cartoon/Arquivo da editora

VOCÊ ACHA QUE A MESINHA VAI CABER NO ESPAÇO QUE JULIANA MEDIU? POR QUÊ?

DATA: _____ /_____ /_____

VOCÊ JÁ VIU ALGUM INSTRUMENTO USADO PARA MEDIR? CIRCULE OS INSTRUMENTOS QUE VOCÊ CONHECE.

Titelio/Shutterstock/Glow Images

Skobrik/Shutterstock/Glow Images

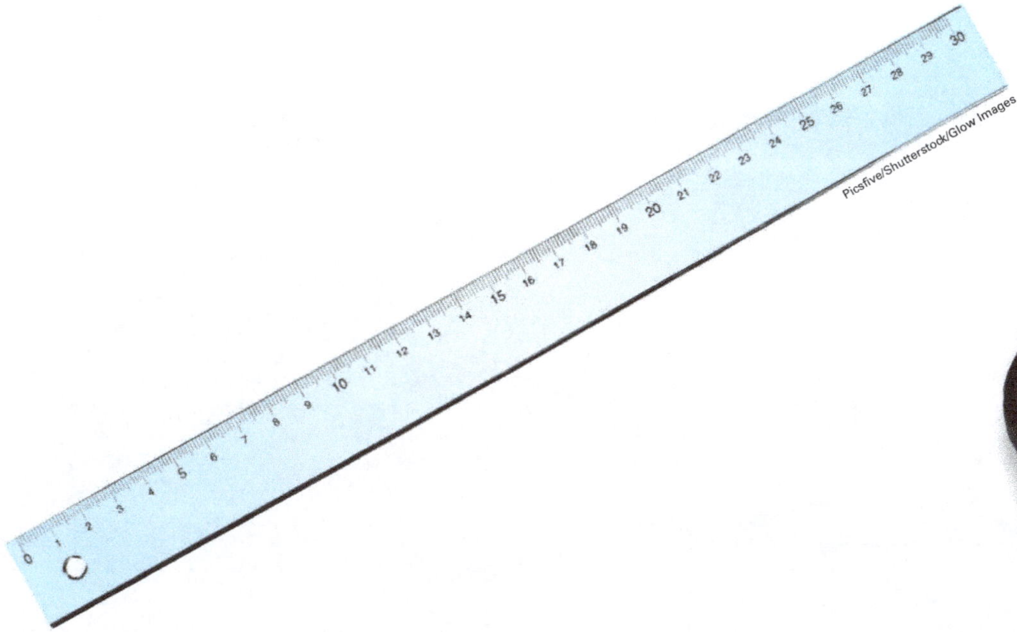

Picsfive/Shutterstock/Glow Images

Petr Malyshev/Shutterstock/Glow Images

DATA: _____ /_____ /_____

A MÃE DE CAROL VAI FAZER UM VESTIDO DA MESMA ESTAMPA DO VESTIDO DA FILHA.
CIRCULE O TECIDO QUE A MÃE DE CAROL DEVE COMPRAR.
O QUE O VENDEDOR VAI USAR PARA MEDIR O TECIDO? MARQUE COM UM **X**.

Ilustra Cartoon/Arquivo da editora

DATA: _____ /_____ /_____

CIRCULE SOMENTE OS PRODUTOS QUE PODEM SER COMPRADOS POR METRO.

Coprid/Shutterstock/Glow Images

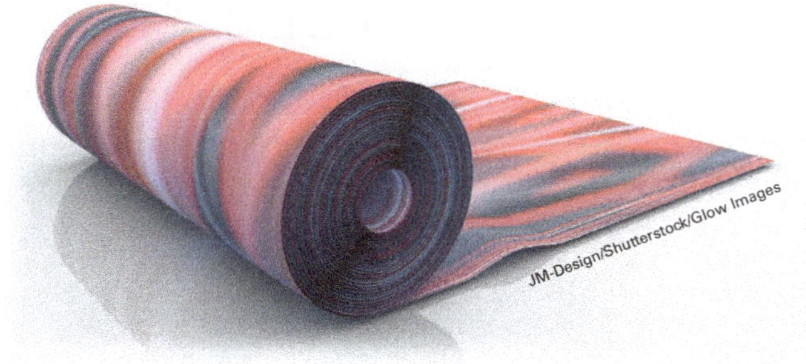
JM-Design/Shutterstock/Glow Images

Anna Lurye/Shutterstock/Glow Images

Tarasyuk Igor/Shutterstock/Glow Images

Marjanneke de Jong/Shutterstock/Glow Images

Swapan Photography/Shutterstock/Glow Images

DATA: _____ /_____ /_____

NOÇÕES DE MASSA

MIGUEL E SUA MÃE VÃO COMPRAR OS INGREDIENTES PARA O PAI FAZER UM BOLO. CIRCULE NA CENA OS PRODUTOS QUE PODEM SER COMPRADOS POR QUILO.

Ilustra Cartoon/Arquivo da editora

DATA: _____ /_____ /_____

DESTAQUE AS FIGURAS DE PRODUTOS QUE PODEM SER COMPRADOS POR QUILO DA PÁGINA 11 DO **MATERIAL DE APOIO** E COLE-AS NO ESPAÇO ABAIXO.

DATA: _____ /_____ /_____

COM OS INGREDIENTES, O PAI DE MIGUEL VAI PREPARAR O BOLO.
PINTE O OBJETO QUE SERÁ USADO PARA PESAR OS INGREDIENTES E CIRCULE O QUE SERÁ PESADO.

Ilustra Cartoon/Arquivo da editora

DATA: _____ /_____ /_____

NOÇÕES DE CAPACIDADE

ASSIM QUE O BOLO FICOU PRONTO, MIGUEL FEZ UM SUCO E CONVIDOU ALGUNS AMIGOS PARA LANCHAR. CIRCULE OS COPOS QUE ESTÃO **CHEIOS**. FAÇA UM **X** NOS QUE ESTÃO **VAZIOS**.

Ilustra Cartoon/Arquivo da editora

DATA: _____ /_____ /_____

O **LITRO** É UMA MEDIDA USADA PARA LÍQUIDOS.
QUANTOS LITROS DE GASOLINA O PAI DE MIGUEL E CAROL COLOCOU NO CARRO? CIRCULE.

Ilustra Cartoon/Arquivo da editora

DATA: _____ /_____ /_____

DESTAQUE AS FIGURAS DE PRODUTOS QUE PODEM SER COMPRADOS POR LITRO DA PÁGINA 13 DO **MATERIAL DE APOIO** E COLE-AS NO ESPAÇO ABAIXO.

DATA: _____ /_____ /_____

NOÇÕES DE TEMPO

LEIA UM TRECHO DO LIVRO **CONTANDO COM O RELÓGIO**:

ENTRE UMA VOLTA E A SEGUINTE,
O TEMPO SEGUE PASSANDO
E UMA VOLTA INTERINHA
ESSE PONTEIRO VAI DANDO.

CONTANDO COM O RELÓGIO, DE NÍLSON JOSÉ MACHADO. SÃO PAULO: SCIPIONE, 2003.

Ilustrações: Ilustra Cartoon/Arquivo da editora

AGORA, OBSERVE AS HORAS MARCADAS NOS RELÓGIOS.

2 HORAS

6 HORAS

8 HORAS

9 HORAS

11 HORAS

DATA: _____ /_____ /_____

VEJA O QUE CAROL FEZ NA MANHÃ DO SÁBADO.

Ilustra Cartoon/Arquivo da editora

A QUE HORAS CAROL ESCOVOU OS DENTES?

- [ ] ÀS 9:00
- [ ] ÀS 9:15
- [ ] ÀS 9:06

O QUE ELA FEZ ÀS 9:30?

- [ ] TOMOU O CAFÉ DA MANHÃ.
- [ ] PASSEOU NO PARQUE.
- [ ] TOMOU BANHO.

DATA: _____ /_____ /_____

OBSERVE O CALENDÁRIO ABAIXO E RESPONDA ORALMENTE: QUANTOS MESES TEM UM ANO?

Nosik/Shutterstock/Glow Images

AGORA, CIRCULE NO CALENDÁRIO O DIA DO SEU ANIVERSÁRIO.

DATA: _____ /_____ /_____

QUAL É O DIA E O MÊS DO SEU ANIVERSÁRIO?
PINTE O MÊS E FAÇA UM **X** NO DIA.

JANEIRO
FEVEREIRO
MARÇO
ABRIL
MAIO
JUNHO
JULHO
AGOSTO
SETEMBRO
OUTUBRO
NOVEMBRO
DEZEMBRO

1	2	3	4	5	6
7	8	9	10	11	12
13	14	15	16	17	18
19	20	21	22	23	24
25	26	27	28	29	30
31					

Ilustra Cartoon/Arquivo da editora

DESTAQUE OS PONTEIROS DA PÁGINA 15 DO **MATERIAL DE APOIO** E MARQUE NO RELÓGIO ABAIXO A HORA QUE VOCÊ ENTRA NA ESCOLA. PEÇA AJUDA AO PROFESSOR.

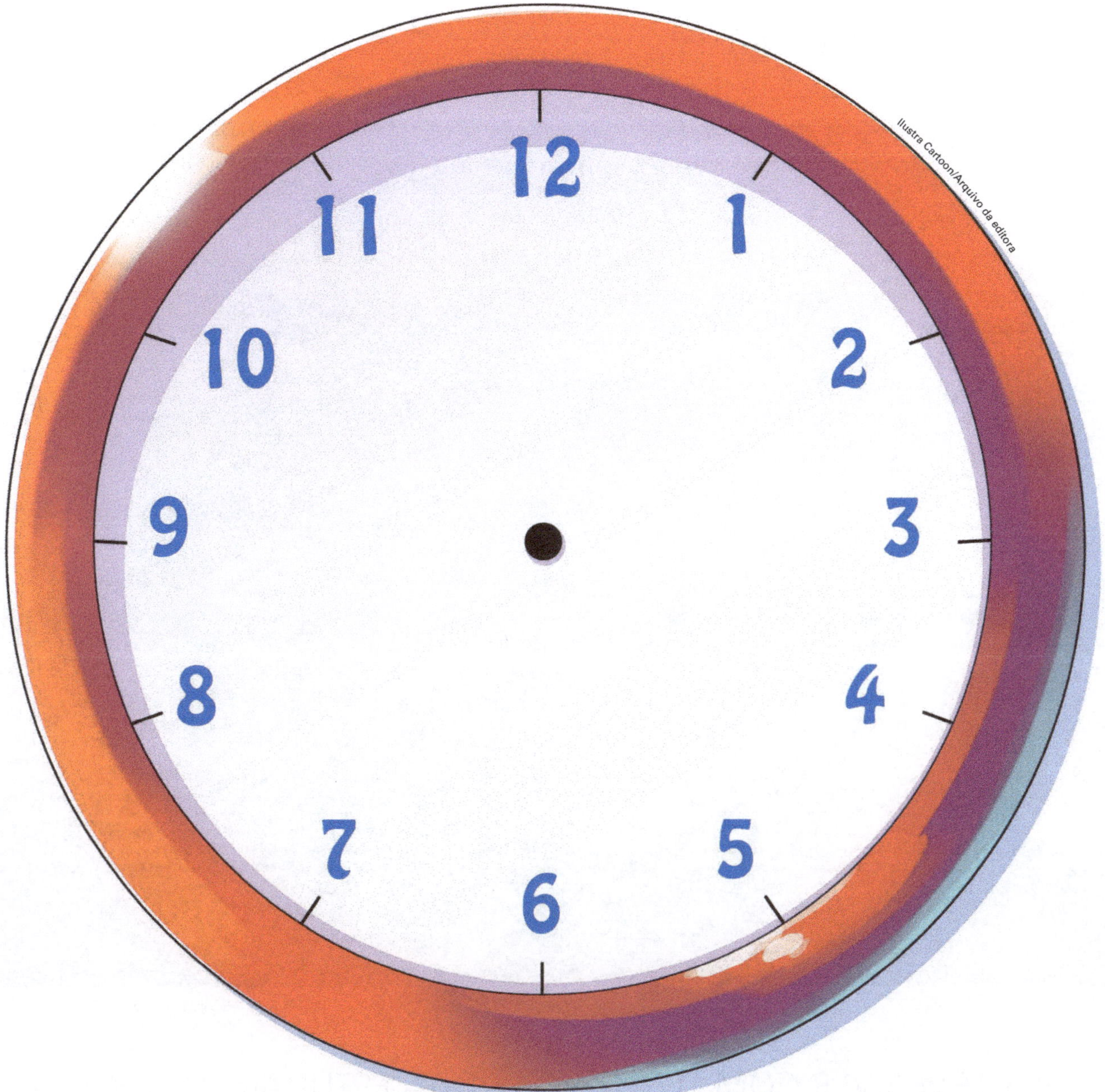

Ilustra Cartoon/Arquivo da editora

DATA: _____ /_____ /_____

FAZENDO ARTE

OBSERVE ESTA OBRA DE ARTE.

A PERSISTÊNCIA DA MEMÓRIA, DE SALVADOR DALÍ, 1931.

O QUE ELA TEM A VER COM O QUE VOCÊ ESTÁ ESTUDANDO AGORA?

DATA: _____ /_____ /_____

NO ESPAÇO ABAIXO, USE SUA CRIATIVIDADE E CRIE UMA OBRA QUE REPRESENTE O TEMPO.

DATA: _____ /_____ /_____

HORA DE BRINCAR

JOGO DA TRILHA

VOCÊ JÁ JOGOU O JOGO DA TRILHA?
UTILIZE O DADO E AS PEÇAS QUE ESTÃO NA PÁGINA 15 DO **MATERIAL DE APOIO** E PRESTE ATENÇÃO NA EXPLICAÇÃO DO PROFESSOR.

Ilustra Cartoon/Arquivo da editora

SUGESTÕES PARA O ALUNO

LIVROS

Reprodução/Callis Editora

APRENDIZ DE MÁGICO, DE YOUNG SO YU E YEON JUNG KIM. SÃO PAULO: CALLIS, 2010.

NESTE LIVRO, DEZ APRENDIZES ENFRETARÃO MUITOS DESAFIOS PARA PASSAR NA "PROVA PARA SE TORNAR UM MÁGICO DE VERDADE". EM MEIO ÀS AVENTURAS, O LIVRO ABRANGE O CONCEITO DOS NÚMEROS ORDINAIS E ENSINA ENQUANTO DIVERTE.

Reprodução/Editora Ática

AS CENTOPEIAS E SEUS SAPATINHOS, DE MILTON CAMARGO E OSNEI. SÃO PAULO: ÁTICA, 2009.

GERALMENTE, NÃO É FÁCIL SER UMA VENDEDORA DE SAPATOS. MAS E SE AS CLIENTES SÃO A CENTOPEIA E SUA FILHA?

Reprodução/Publifolha

AS FORMAS, DE XAVIER DENEUX. SÃO PAULO: PUBLIFOLHA, 2012.

UMA CORUJA QUE SE ENCAIXA NA LUA REDONDA, UMA JOANINHA QUE SE ESCONDE NO COGUMELO SEMICIRCULAR, UM ARMÁRIO RETANGULAR CHEIO DE LIVROS QUE SE ABRE, UMA PIPA EM FORMA DE LOSANGO QUE LEVA SEU DONO PELO CÉU: ESSAS SÃO ALGUMAS DAS SITUAÇÕES NESTE LIVRO QUE ENSINAM AS FORMAS ÀS CRIANÇAS.

Reprodução/Editora Scipione

AS TRIGÊMEAS E OS TRÊS ERRES, DE ROSER CAPDEVILA E CARLES CAPDEVILA. SÃO PAULO: SCIPIONE, 2007.

ANA, TERESA E HELENA QUEREM SE TRANSFORMAR EM HEROÍNAS PARA AJUDAR A SALVAR O PLANETA. PARA ISSO, INVENTAM OS TRÊS SUPERERRES! PENSANDO QUE IRIAM SALVAR MUITAS ÁRVORES, AS IRMÃS RESOLVEM JOGAR LIVROS E CADERNOS NA LIXEIRA DESTINADA A PAPEL. MAS SERÁ QUE ESSA É A SOLUÇÃO?

Juan Carlos Federico/Arquivo da editora

Reprodução/Editora Fundamento

DOKI DESCOBRE: HORA DE APRENDER AS HORAS, DE FABIANE ARIELLO. SÃO PAULO: FUNDAMENTO, 2008.

NESTE LIVRO, DOKI ENSINA AS CRIANÇAS A LER AS HORAS DE UM MODO BEM SIMPLES E FÁCIL DE ENTENDER.

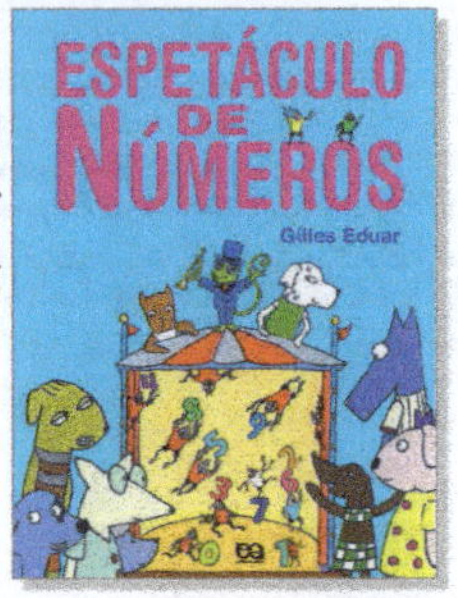

Reprodução/Editora Ática

ESPETÁCULO DE NÚMEROS, DE GILLES EDUAR. SÃO PAULO: ÁTICA, 2010.

ESTE LIVRO APRESENTA UM MONTÃO DE DESAFIOS, CURIOSIDADES E BRINCADEIRAS QUE ESTIMULAM O RACIOCÍNIO E A AQUISIÇÃO DE CONHECIMENTOS MATEMÁTICOS. TUDO ISSO A PARTIR DA HISTÓRIA DOS NOVE CAOSCÃES – UNS TRAPALHÕES QUE TENTAM IR AO CIRCO PARA ASSISTIR AO SHOW DAS MAXPULGAS.

Reprodução/Ed. Melhoramentos

FLICTS, DE ZIRALDO. SÃO PAULO: MELHORAMENTOS, 2012.

O MUNDO É FEITO DE CORES, MAS NENHUMA É FLICTS. UMA COR RARA QUE PROCUROU EM VÃO UM AMIGO ENTRE OUTRAS CORES. ABANDONADA, FLICTS OLHOU PARA LONGE, PARA O ALTO, E SUBIU, PARA FINALMENTE ENCONTRAR-SE.

Reprodução/Editora Ática

APERTE AQUI, DE HERVÉ TULLET. SÃO PAULO: ÁTICA, 2011.

TUDO COMEÇA COM UMA BOLA AMARELA NO CENTRO DE UMA PÁGINA BRANCA E UM CONVITE: APERTE A BOLA E VIRE A PÁGINA... COMO NUM PASSE DE MÁGICA, SURGEM DUAS BOLAS NA PÁGINA SEGUINTE. A PARTIR DAÍ, NOVOS CONVITES E NOVAS SURPRESAS SE DESCORTINAM A CADA PÁGINA.

CDs

Reprodução/Universal

CHICO E VINICIUS PARA CRIANÇAS. BRASIL: UNIVERSAL, 2004.

ESTE CD APRESENTA CANÇÕES DOS COMPOSITORES CHICO BUARQUE E VINICIUS DE MORAES, ENTRE ELAS, AS CONSAGRADAS "O PATO" E "AQUARELA". TRATA-SE DE UM MATERIAL MARAVILHOSO PARA ESTIMULAR O IMIGINÁRIO INFANTIL.

Reprodução/Universal

CASA DE BRINQUEDOS, DE TOQUINHO. BRASIL: UNIVERSAL, 2011.

ESTE ÁLBUM DESENVOLVIDO ESPECIALMENTE PARA O PÚBLICO INFANTIL INCLUI DIVERSAS MÚSICAS QUE JÁ ENCANTARAM UMA GERAÇÃO E CONTINUAM FAZENDO MUITO SUCESSO ENTRE AS CRIANÇAS.

DVD

Reprodução/Paramount

PEIXONAUTA: JUNTOS NÓS SOMOS DEMAIS. BRASIL: PARAMOUNT, 2009.

POR MEIO DE HISTÓRIAS REPLETAS DE BRINCADEIRAS, O PERSONAGEM TORNA SIMPLES O APRENDIZADO E ATRAI A ATENÇÃO DAS CRIANÇAS PARA UM MUNDO DIVERTIDO E EDUCATIVO.

SITES@

<WWW.SMARTKIDS.COM.BR>

<HTTP://TVRATIMBUM.CMAIS.COM.BR>

<HTTP://CMAIS.COM.BR/COCORICO>

<HTTP://PEIXONAUTA.UOL.COM.BR>

@ ACESSOS EM: 02 ABR. 2015.

Juan Carlos Federico/
Arquivo da editora

BIBLIOGRAFIA

ADAMS, M. J. et al. *Consciência fonológica em crianças pequenas*. Porto Alegre: Artmed, 2006.

ALMEIDA, Rosangela Doin de. *Espaço e tempo na Educação Infantil*. São Paulo: Contexto, 2014.

AYRES, Sonia Nunes. *Educação Infantil*: teorias e práticas para uma proposta pedagógica. Petrópolis: Vozes, 2012.

BRASIL. Ministério da Educação. Secretaria de Educação Fundamental. *Referencial Curricular Nacional para a Educação Infantil*. Brasília, 1998. 3 v.

BRITO, T. A. *Música na Educação Infantil*. São Paulo: Peirópolis, 2003.

CARVALHO, Mercedes; BAIRRAL, Marcelo Almeida (Org.). *Matemática e Educação Infantil*: investigação e possibilidades de práticas pedagógicas. Petrópolis: Vozes, 2012.

CHATEAU, J. *O jogo e a criança*. São Paulo: Summus, 1987.

COLL, C.; MARTIN, E. et al. *Aprender conteúdos e desenvolver capacidades*. Tradução de Cláudia Schilling. Porto Alegre: Artmed, 2004.

CÓRIA-SABINI, Maria Aparecida. *Jogos e brincadeiras na Educação Infantil*. Campinas: Papirus, 2012.

DANTE, L. *Didática da Matemática na pré-escola*. São Paulo: Ática, 1996.

DEVRIES, R. *O currículo construtivista na Educação Infantil*: práticas e atividades. Porto Alegre: Artmed, 2003.

FABER, A.; MAZLISH, E. *Como falar para o aluno aprender*. São Paulo: Summus, 2005.

FERREIRA, S. *Imaginação e linguagem no desenho da criança*. Campinas: Papirus, 1998.

FERREIRO, E. *Reflexões sobre alfabetização*. São Paulo: Cortez, 2001.

FRIEDMANN, A. *A arte de brincar*: brincadeiras e jogos tradicionais. Petrópolis: Vozes, 2004.

________. *Brincar*: crescer e aprender; o resgate do jogo infantil. São Paulo: Moderna, 1998.

GARDNER, H. *A criança pré-escolar*: como pensa e como a escola pode ensiná-la. Tradução de C. A. N. Soares. Porto Alegre: Artmed, 1994.

GOBBI, Maria Aparecida; PINAZZA, Mônica Appezzato (Org.). *Infância e suas linguagens*. São Paulo: Cortez, 2014.

HOFFMAN, J. *Avaliação na pré-escola*: um olhar sensível e reflexivo sobre a criança. Porto Alegre: Mediação, 1999.

JEANDOT, N. *Explorando o universo da música*. São Paulo: Scipione, 1990.

JESUS, A. C. A. de. *Como aplicar jogos e brincadeiras na Educação Infantil*. Rio de Janeiro: Brasport, 2010.

JUNQUEIRA FILHO, G. *Linguagens geradoras*: seleção e articulação de conteúdos em Educação Infantil. Porto Alegre: Mediação, 2005.

KAMII, C.; JOSEPH, L. L. *Crianças pequenas continuam reinventando a Aritmética*: implicações da teoria de Piaget. Porto Alegre: Artmed, 2005.

KANAN, Fabiana. *Brincar*: aprendizagem para a vida. Tradução de Avril Brock. Porto Alegre: Penso, 2011.

KRAEMER, M. L. *Quando brincar é aprender*. São Paulo: Loyola, 2007.

LE BOULCH, J. *Educação psicomotora*: a psicocinética na idade escolar. Tradução de Jeni Wolff. Porto Alegre: Artmed, 1987.

LUCKESI, C. C. *Avaliação da aprendizagem escolar*. São Paulo: Cortez, 2003.

MACEDO, L.; PETTY, A. L. S.; PASSOS, N. C. *Aprender com jogos e situações-problema*. Porto Alegre: Artmed, 2000.

MACHADO, M. *O brinquedo-sucata e a criança*: a importância do brincar: atividade e materiais. São Paulo: Loyola, 1995.

MAIA, J. *Literatura na formação de leitores e professores*. São Paulo: Paulinas, 2007. (Literatura & Ensino).

MELLO, Ana Maria (Org.). *O dia a dia das creches e pré-escolas*: crônicas brasileiras. Porto Alegre: Artmed, 2010.

MIRANDA, N. *200 jogos infantis*. Belo Horizonte: Itatiaia, 2002.

MORAS, I. *Fantoches, bonecos articulados e cia. de papel e cartolina*. São Paulo: Paulinas, 1998.

MOYLES, J. R. et al. *A excelência do brincar*. Tradução de Maria Adriana Veronese. Porto Alegre: Artmed, 2006.

NISTA-PICCOLO, Vilma Leni. *Corpo em movimento na Educação Infantil*. São Paulo: Cortez, 2012.

NUNES, T.; BRYANT, P. *Crianças fazendo Matemática*. Porto Alegre: Artes Médicas, 1997.

OSTETTO, Luciana Esmeralda (Org.). *Encontros e encantamentos na Educação Infantil*. Campinas: Papirus, 2012.

PANIAGUA, G.; PALACIOS, J. *Educação Infantil*: resposta educativa à diversidade. Tradução de Fátima Murad. Porto Alegre: Artmed, 2007.

REAME, Eliane et al. *Matemática no dia a dia da Educação Infantil*: rodas, cantos, brincadeiras e histórias. São Paulo: Saraiva, 2013.

SANTOS, J. G. W.; ALVES, J. M. *O jogo de dominó com contexto interativo para construção de conhecimentos pré-escolares*. Porto Alegre: Scielo, 2000.

SANTOS, S. M. P. dos (Org.). *Brinquedoteca*: o lúdico em diferentes contextos. São Paulo: Vozes, 1997.

SCHILLER, P.; ROSSANO, J. *Ensinar e aprender brincando*. Porto Alegre: Artmed, 2007.

SMOLE, K. S. *A Matemática na Educação Infantil*: a teoria das inteligências múltiplas na prática escolar. Porto Alegre: Artmed, 2000.

SMOLE, K. S.; DINIZ, M. L.; CÂNDIDO, P. *Figuras e formas*. Porto Alegre: Artmed, 2003. v. 3. (Matemática de 0 a 6).

________. *Brincadeiras infantis nas aulas de Matemática*. Porto Alegre: Artmed, 2000. (Matemática de 0 a 6).

________. *Construção da inteligência pela criança*. São Paulo: Scipione, 2002.

WARNER, P. *Aprender brincando*. Tradução de Dinah Abres Azevedo. São Paulo: Ground, 2005.

ZORZI, J. L. *Aprender a escrever*: a apropriação do sistema ortográfico. Porto Alegre: Artmed, 1998.

MATERIAL DE APOIO

FIGURAS PARA A ATIVIDADE DA **PÁGINA 33**.

FIGURAS PARA A ATIVIDADE DA **PÁGINA 49**.

FIGURAS PARA A ATIVIDADE DA **PÁGINA 101**.

Ilustrações: Ilustra Cartoon/ Arquivo da editora

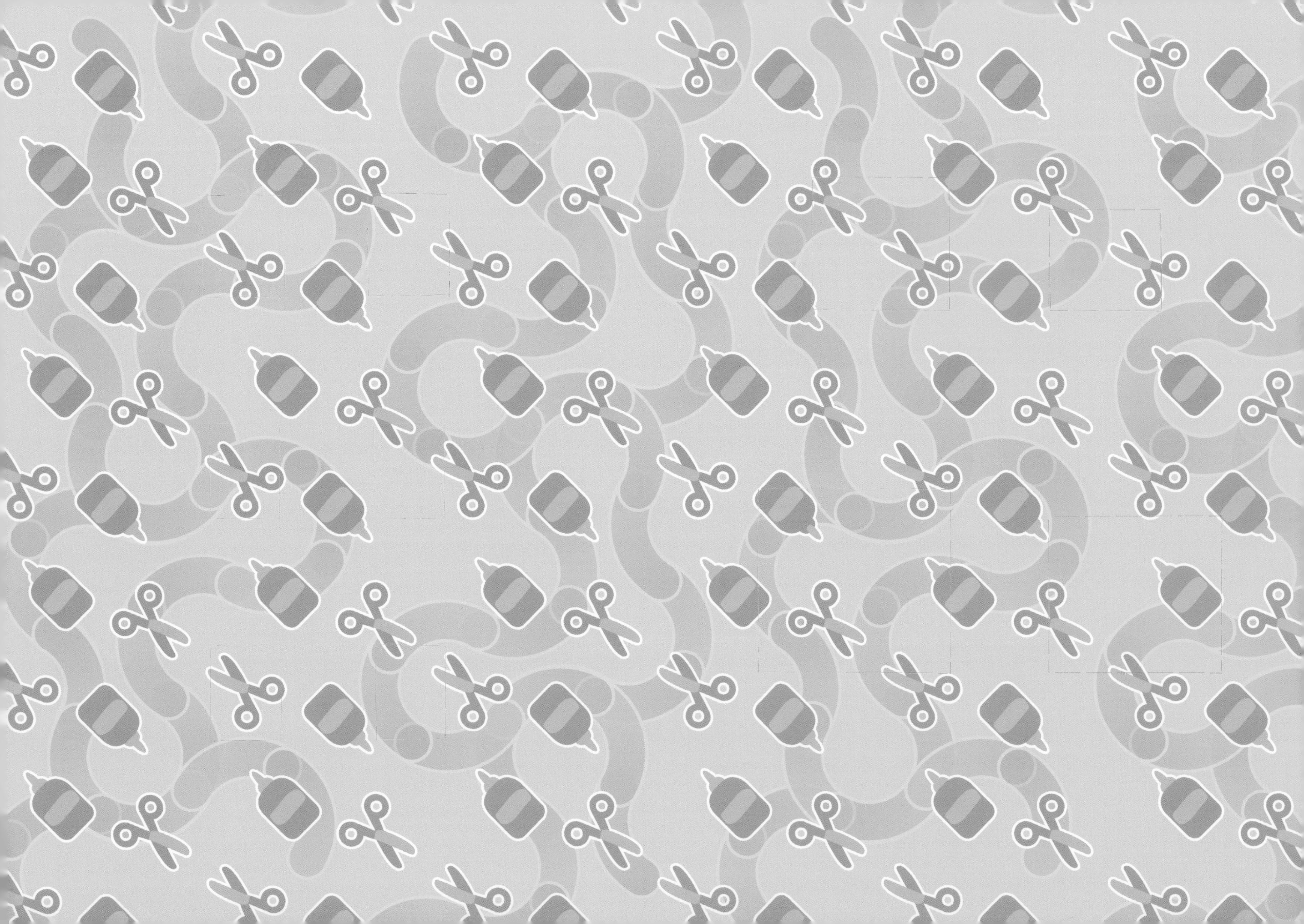

FICHAS PARA A ATIVIDADE DA **PÁGINA 104**.

0 zero	1 um	2 dois	3 três
4 quatro	5 cinco	6 seis	7 sete
8 oito	9 nove	+	−	=

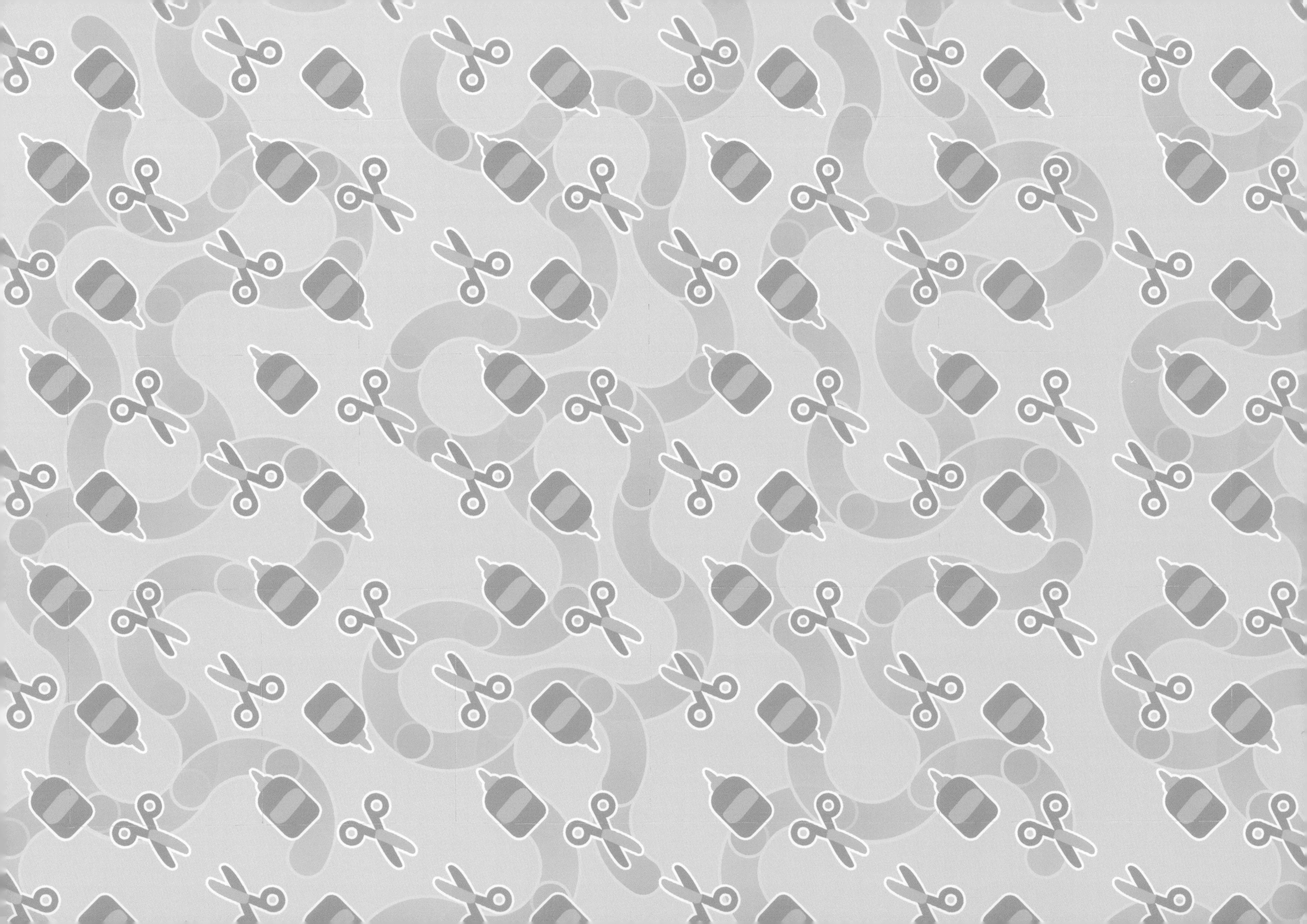

FICHAS PARA A ATIVIDADE DA **PÁGINA 118**.

10	11	12	13	14	15	16
17	18	19	20	21	22	23
24	25	26	27	28	29	30
31	32	33	34	35	36	37
38	39	40	41	42	43	44
45	46	47	48	49	50	

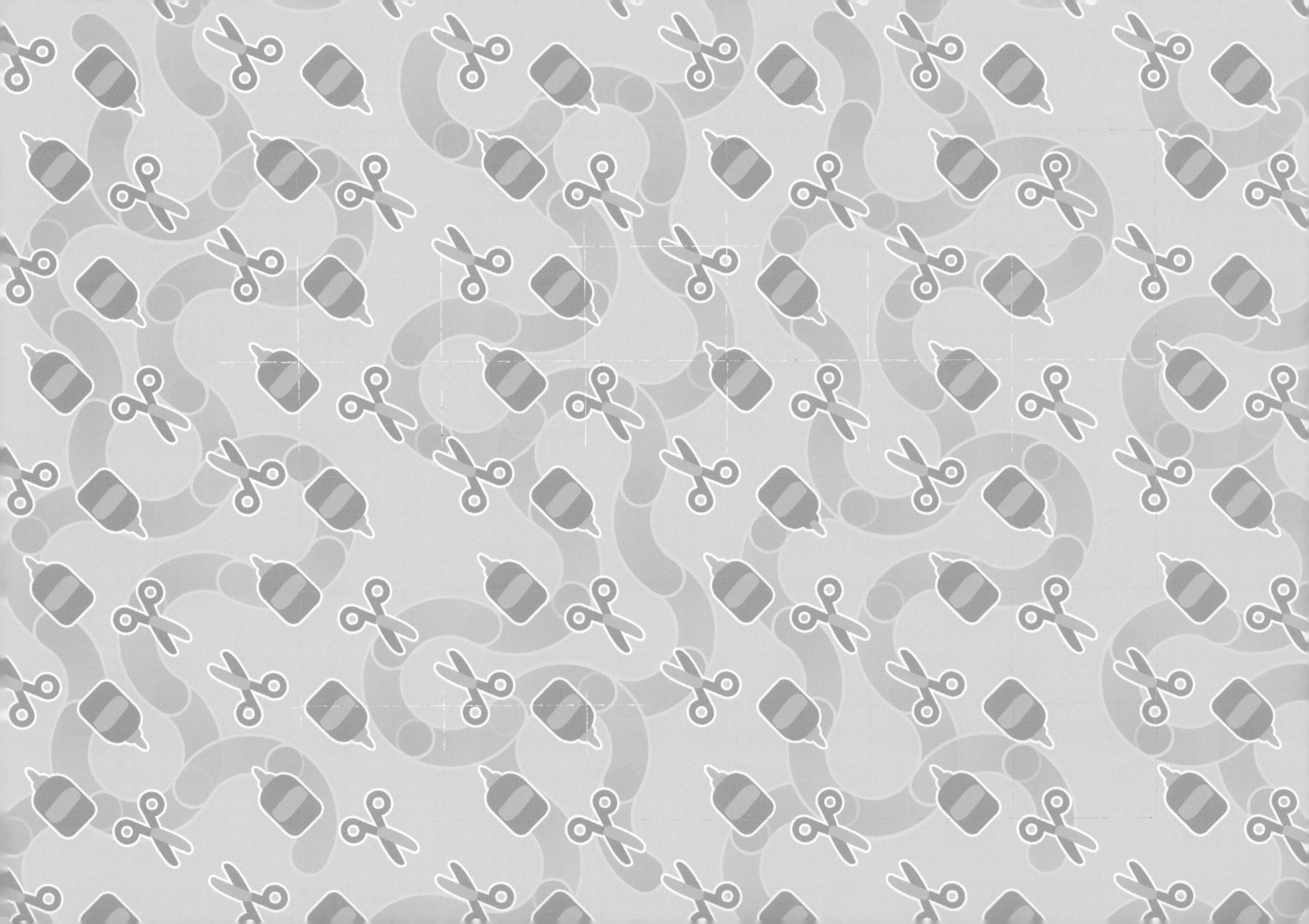

FIGURAS PARA A ATIVIDADE DA **PÁGINA 127**.

Ilustrações: Ilustra Cartoon/
Arquivo da editora

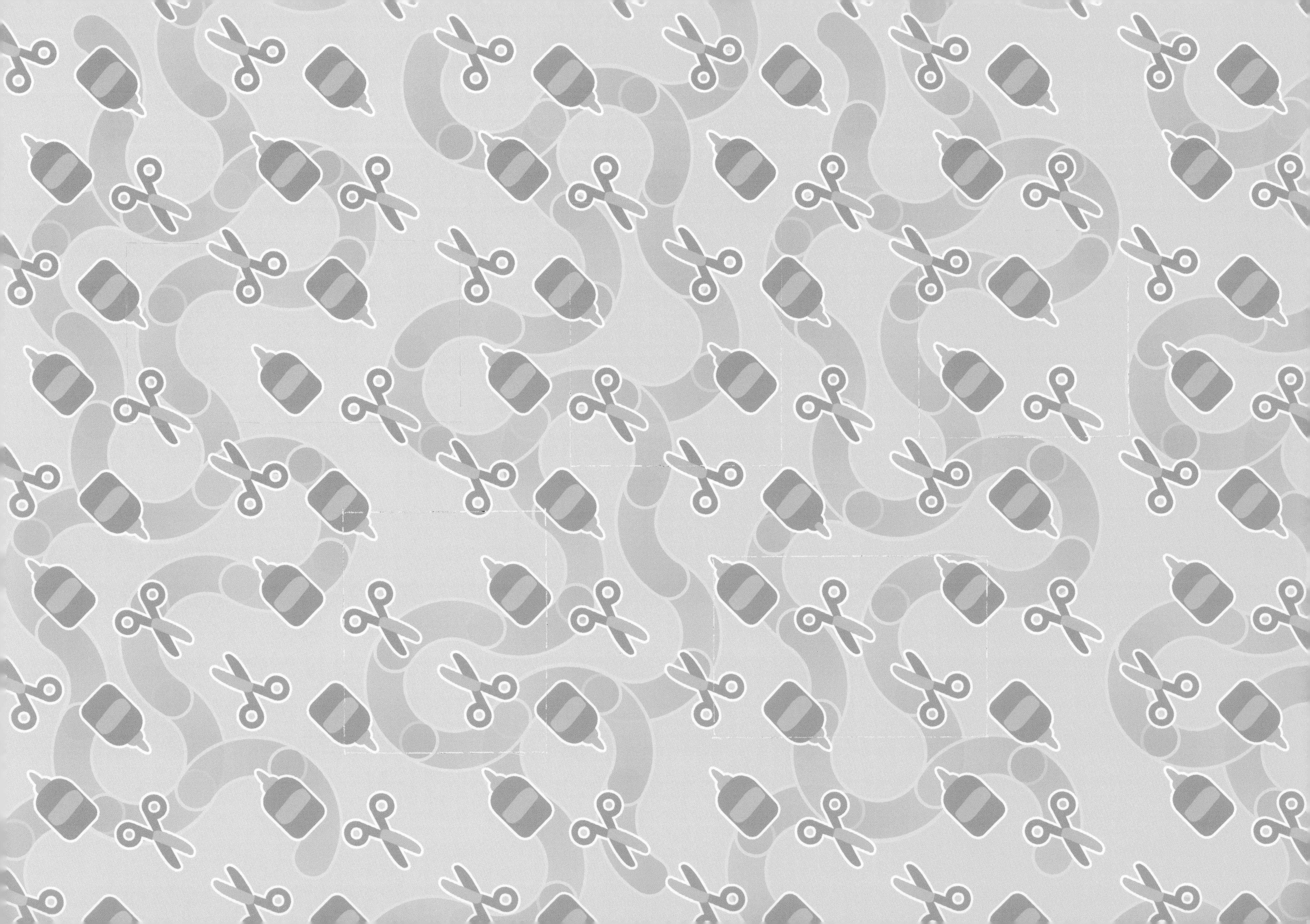

FIGURAS PARA A ATIVIDADE DA **PÁGINA 132**.

Ilustrações: Ilustra Cartoon/Arquivo da editora

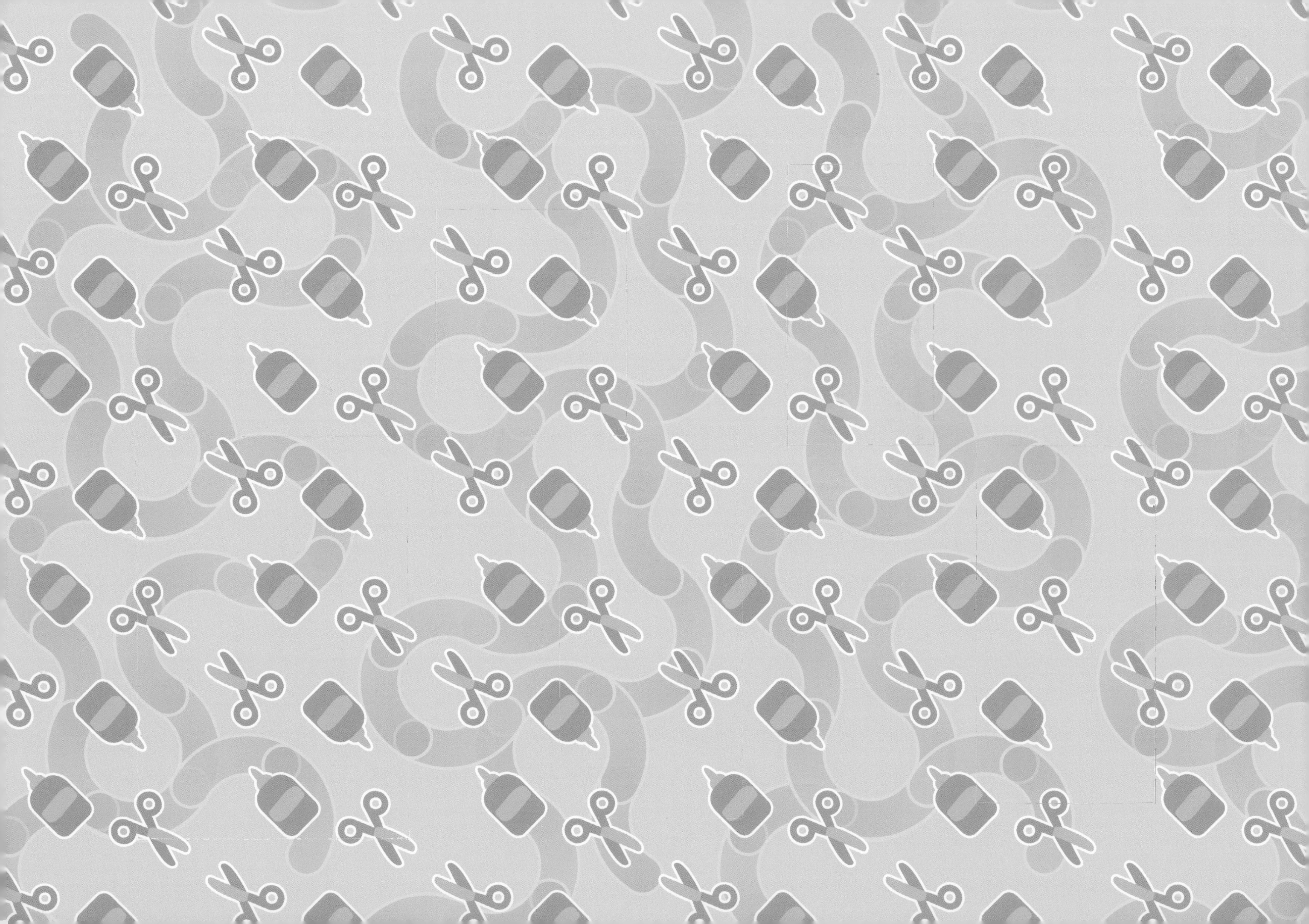

FIGURAS PARA A ATIVIDADE DA **PÁGINA 137**.

FIGURAS PARA A ATIVIDADE DA **PÁGINA 140**.

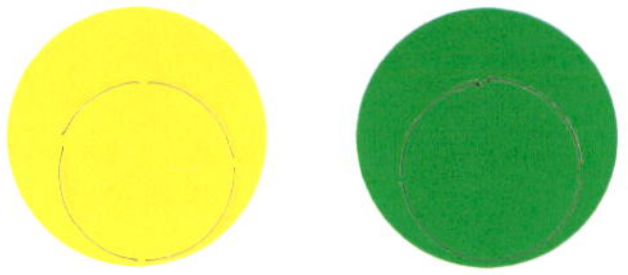

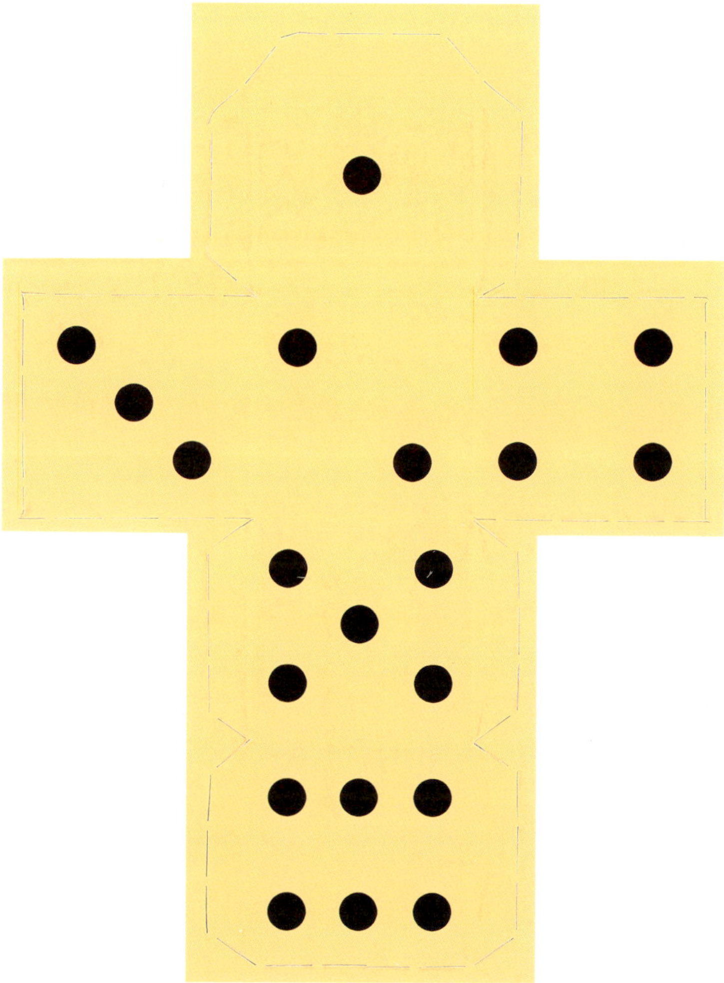

ADESIVOS PARA A ATIVIDADE DA **PÁGINA 26**.

Veronica Louro/Shutterstock/Glow Images

Jagodka/Shutterstock/Glow Images

Elena Elisseeva/Shutterstock/Glow Images

Molly70photo/Shutterstock/Glow Images

JunTakahashi/Getty Images

wk1003mike/Shutterstock/Glow Images

Phant/Shutterstock/Glow Images

Molly70photo/Shutterstock/Glow Images

ADESIVOS PARA AS ATIVIDADES DAS **PÁGINAS 27** E **29**.

Ilustrações: Ilustra Cartoon/Arquivo da editora

MARCHA CRIANÇA

EDUCAÇÃO INFANTIL

3

ALMANAQUE DOS NÚMEROS

MATEMÁTICA

editora scipione

123

MARCHA CRIANÇA

EDUCAÇÃO INFANTIL

3

ALMANAQUE DOS NÚMEROS

MATEMÁTICA

editora scipione

editora scipione

Diretoria de conteúdo e inovação pedagógica
Mário Ghio Júnior
Diretoria editorial
Lidiane Vivaldini Olo
Gerência editorial
Luiz Tonolli
Editoria de Anos Iniciais
Tatiany Telles Renó
Edição
Tatiany Telles Renó e
Nathalia de Oliveira Matsumoto
Arte
Ricardo de Gan Braga (superv.),
Andréa Dellamagna (coord. de criação),
Gláucia Correa Koller (progr. visual de capa e miolo),
Elen Coppini Camioto (editora de arte) e
Christine Getschko (assist. de arte)
Revisão
Hélia de Jesus Gonsaga (ger.),
Rosângela Muricy (coord.), Ana Curci,
Luís Maurício Boa Nova, Vanessa de Paula Santos
e Brenda Morais (estag.)
Iconografia
Sílvio Kligin (superv.), Tamires Reis Castillo (pesquisa),
César Wolf e Fernanda Crevin (tratamento de imagem)
Ilustrações
Ilustra Cartoon
Foto de capa
HandMadeFont.com/Shutterstock/Glow Images

Direitos desta edição cedidos à Editora Scipione S.A.
Avenida das Nações Unidas, 7221, 3º andar, Setor D
Pinheiros – São Paulo – SP – CEP 05425-902
Tel.: 4003-3061
www.scipione.com.br / atendimento@scipione.com.br

2022
ISBN 978 85 262 9614 5 (AL)
ISBN 978 85 262 9613 8 (PR)
Cód. da obra CL 738972
CAE 541 703 (AL) / 541 683 (PR)
5ª edição
10ª impressão
Impressão e acabamento
Forma Certa Gráfica Digital

Dados Internacionais de Catalogação na Publicação (CIP)
(Câmara Brasileira do Livro, SP, Brasil)

Marsico, Maria Teresa
Marcha criança : educação infantil : matemática / Maria Teresa Marsico, Armando Coelho de Carvalho Neto. – – 5. ed. – – São Paulo : Scipione, 2015. – – (Coleção marcha criança)

Obra em 3 v.

1. Matemática (Educação infantil) I. Carvalho Neto, Armando Coelho de. II. Título. III. Série.

15-02790 CDD-372.21

Índice para catálogo sistemático:
1. Matemática : Educação infantil 372.21

SUMÁRIO

VAMOS ESCREVER O NÚMERO **1**?

1 1 1 1

1

1

1

DATA: ______ /______ /______

VAMOS ESCREVER O NÚMERO **2**?

2 2 2 2

2

2

2

DATA: _____ /_____ /_____

VAMOS ESCREVER O NÚMERO **3**?

3 3 3 3

3

3

3

DATA: ____ /____ /____

VAMOS ESCREVER O NÚMERO **4**?

4 4 4 4

4

4

4

DATA: _____ /_____ /_____

VAMOS ESCREVER O NÚMERO **5**?

5 5 5 5

5

5

5

DATA: _____ /_____ /_____

VAMOS ESCREVER O NÚMERO **6**?

DATA: _____ /_____ /_____

VAMOS ESCREVER O NÚMERO **7**?

DATA: _____ /_____ /_____

VAMOS ESCREVER O NÚMERO **8**?

DATA: _____ /_____ /_____

VAMOS ESCREVER O NÚMERO **9**?

9 9 9 9

9

9

9

DATA: ____ /____ /____

VAMOS ESCREVER O NÚMERO **0**?

DATA: _____ /_____ /_____

VAMOS ESCREVER O NÚMERO **10**?

10 10 10 10

10

10

10

DATA: _____ /_____ /_____

VAMOS ESCREVER OS NÚMEROS DE **11** A **20**?

11 12 13 14 15 16 17 18 19 20

11 12 13 14 15 16 17 18 19 20

DATA: _____ /_____ /_____

VAMOS ESCREVER OS NÚMEROS DE **21** A **30**?

21 22 23 24 25 26 27 28 29 30

21 22 23 24 25 26 27 28 29 30

DATA: _____ /_____ /_____

VAMOS ESCREVER OS NÚMEROS DE **31** A **40**?

31 32 33 34 35 36 37 38 39 40

31 32 33 34 35 36 37 38 39 40

DATA: ____ /____ /____

VAMOS ESCREVER OS NÚMEROS DE **41** A **50**?

41 42 43 44 45 46 47 48 49 50

41 42 43 44 45 46 47 48 49 50

DATA: _____ /_____ /_____

GABRIELA GOSTA MUITO DA SÉRIE DE LIVROS **O MUNDO MÁGICO**.

Ilustra Cartoon/Arquivo da editora

OS LIVROS ESTÃO ORGANIZADOS NA ESTANTE:

☐ EM ORDEM CRESCENTE.

☐ EM ORDEM DECRESCENTE.

DATA: _____ /_____ /_____

OBSERVE O NÚMERO NA CAMISETA DE CADA UM DOS JOGADORES DO TIME.

Ilustra Cartoon/Arquivo da editora

ELES ESTÃO ENFILEIRADOS:

☐ EM ORDEM CRESCENTE.

☐ EM ORDEM DECRESCENTE.

OS ALUNOS JÁ ESTÃO SENTADOS EM SEUS LUGARES E A AULA JÁ VAI COMEÇAR.

PINTE DE [vermelho] A ROUPA DOS ALUNOS QUE ESTÃO SENTADOS NA 1ª CARTEIRA DE CADA FILEIRA.

PINTE DE [amarelo] A ROUPA DOS ALUNOS QUE ESTÃO SENTADOS NA 2ª CARTEIRA DE CADA FILEIRA.

PINTE DE [azul] A ROUPA DOS ALUNOS QUE ESTÃO SENTADOS NA 3ª CARTEIRA DE CADA FILEIRA.

Ilustra Cartoon/Arquivo da editora

DATA: _____ /_____ /_____

RECORTE AS FIGURAS DA PÁGINA 23 E AJUDE AMANDA A ORGANIZAR SEU ARMÁRIO, ORDENANDO OS BRINQUEDOS DE CIMA PARA BAIXO.

AS BONECAS DEVEM SER GUARDADAS NA 1ª PRATELEIRA.

OS CARRINHOS DEVEM SER GUARDADOS NA 2ª PRATELEIRA.

AS BOLAS DEVEM SER GUARDADAS NA 3ª PRATELEIRA.

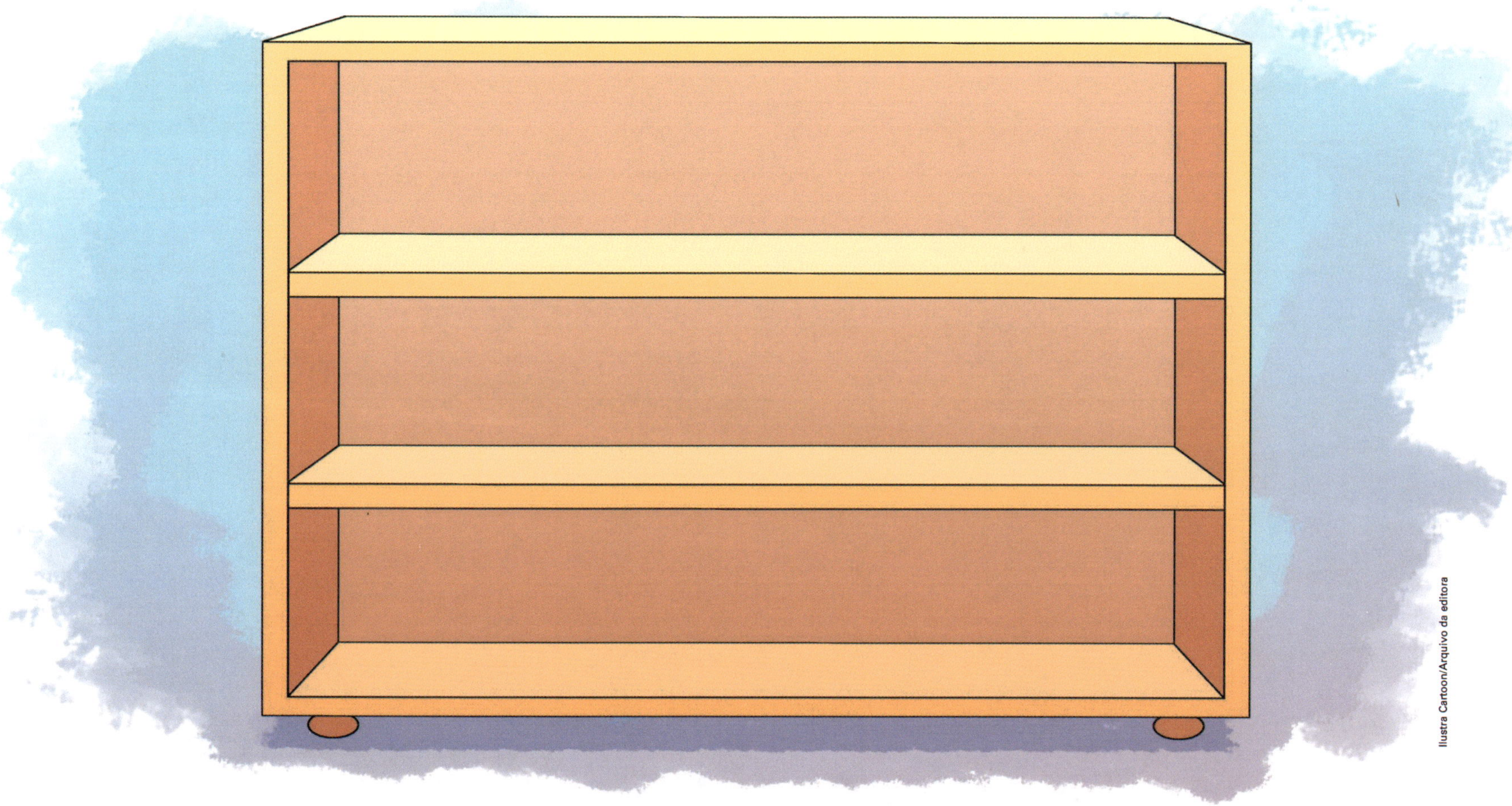

Ilustra Cartoon/Arquivo da editora

DATA: _____ /_____ /_____

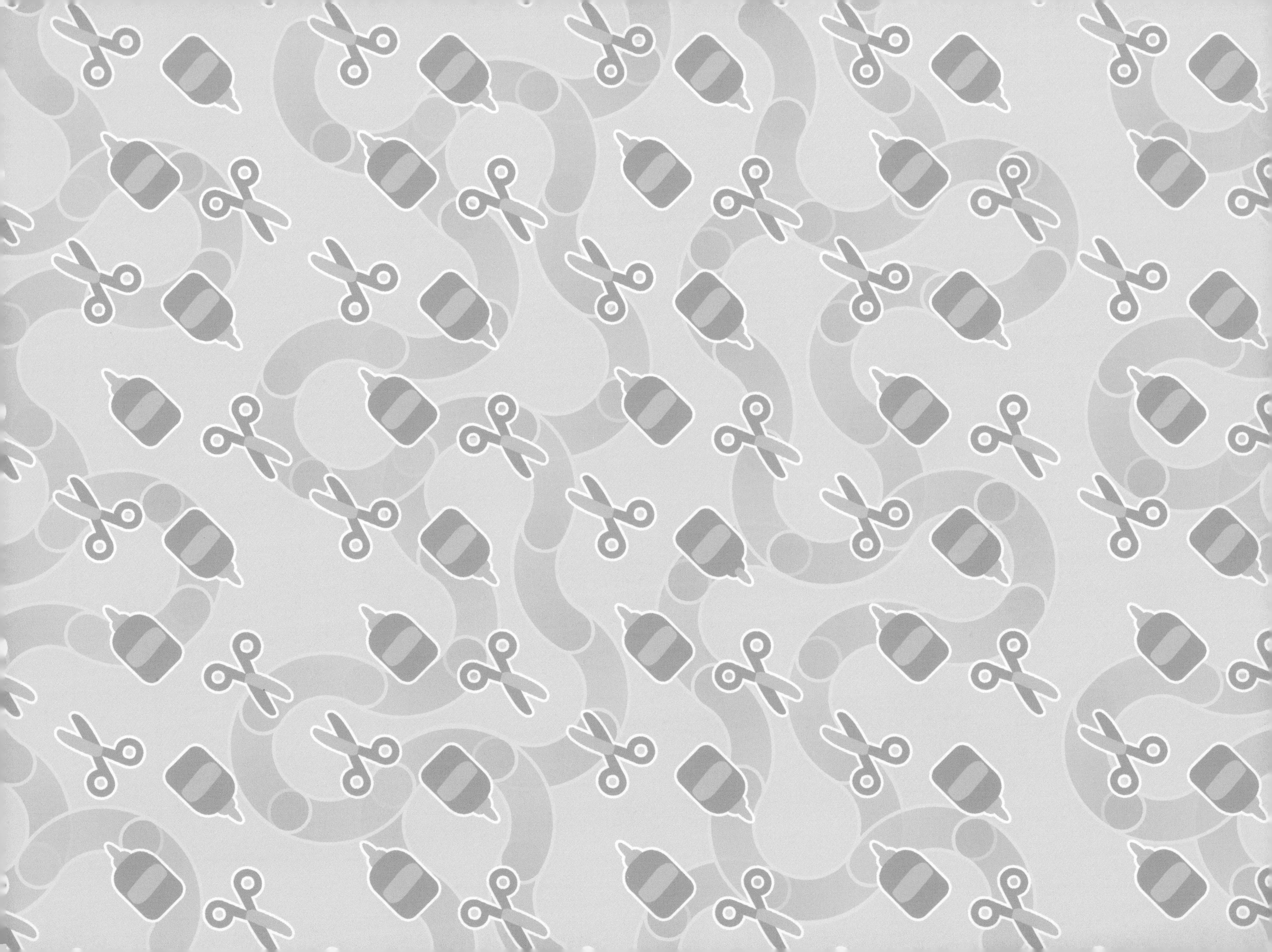

RECORTE AS FIGURAS E COLE-AS NA PÁGINA 21.

Ilustrações: Ilustra Cartoon/ Arquivo da editora

DATA: _____ /_____ /_____

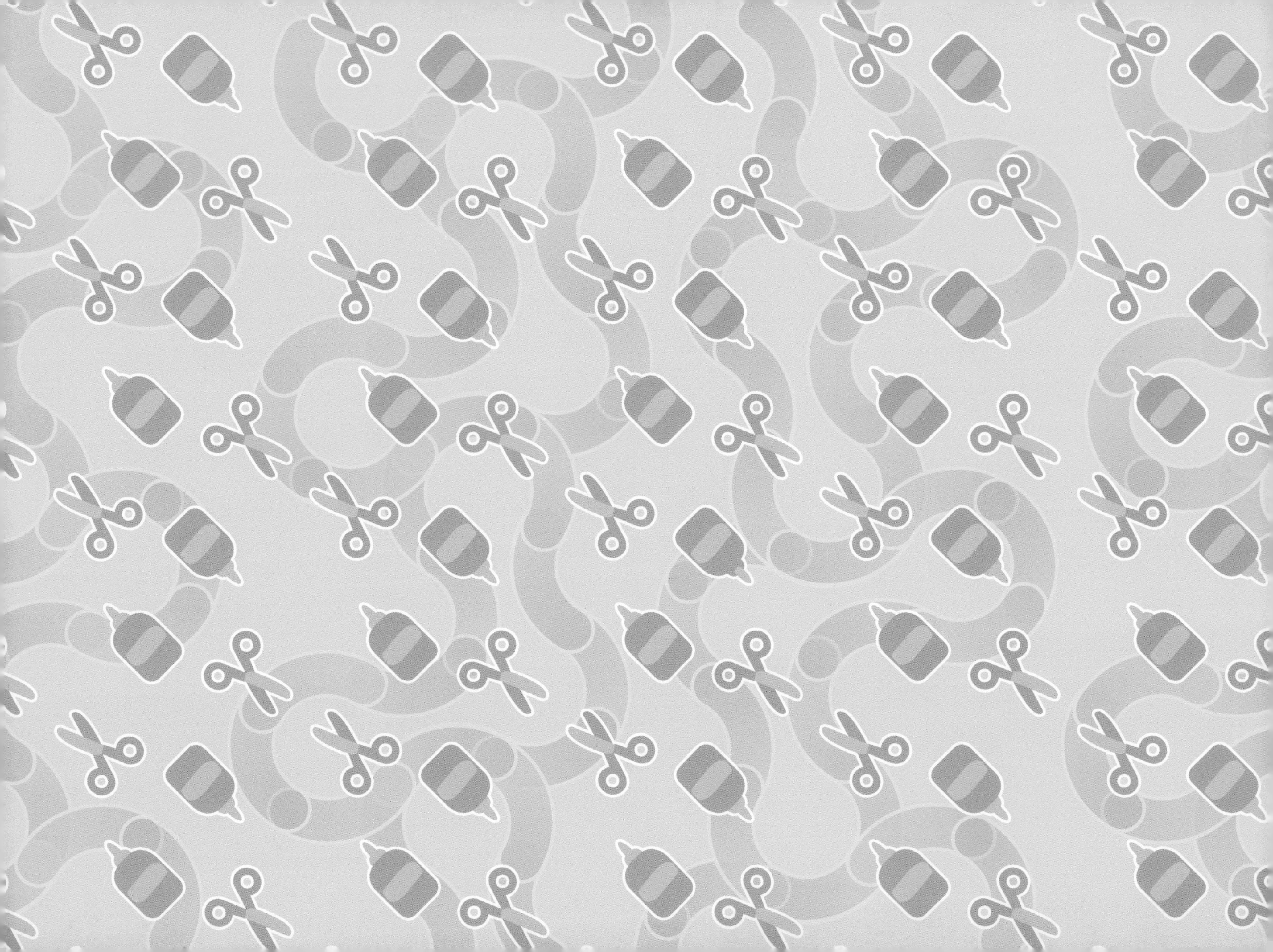

MARCHA CRIANÇA
EDUCAÇÃO INFANTIL

editora scipione